U0826781

大学生安全与应急手册

张瑞新　尹尚先　主编

应急管理出版社
·北　京·

图书在版编目（CIP）数据

大学生安全与应急手册／张瑞新，尹尚先主编．-- 北京：应急管理出版社，2022

ISBN 978－7－5020－9483－6

Ⅰ．①大… Ⅱ．①张… ②尹… Ⅲ．①大学生—安全教育—手册 Ⅳ．①G641－62

中国版本图书馆 CIP 数据核字(2022)第 153892 号

大学生安全与应急手册

主　　编	张瑞新　尹尚先
责任编辑	成联君
编　　辑	贾　音
责任校对	赵　盼
封面设计	于春颖
出版发行	应急管理出版社（北京市朝阳区芍药居 35 号　100029）
电　　话	010－84657898（总编室）　010－84657880（读者服务部）
网　　址	www. cciph. com. cn
印　　刷	三河市紫恒印装有限公司
经　　销	全国新华书店
开　　本	787mm×1092mm $^1/_{16}$　**印张**　$14^3/_4$　**字数**　243 千字
版　　次	2022 年 12 月第 1 版　2022 年 12 月第 1 次印刷
社内编号	20211512　**定价**　58. 00 元

版权所有　违者必究

本书如有缺页、倒页、脱页等质量问题，本社负责调换，电话：010－84657880

编　委　会

主　　编　张瑞新　尹尚先
副主编　祝葆真　陈　健
编　　委（按姓氏笔画排序）
马瑞欣　兰泽全　司俊鸿　刘卫康　刘玉德
何　宁　张　威　郑贵强　常家宁
插图创作（按姓氏笔画排序）
马铭泽　白　旺　刘鹏飞　苏思茹　邹家斌
周　颖　喻　瑶
专家审阅（按姓氏笔画排序）
冯　涛　李树刚　佘　廉　周心权　修济刚
高广伟

序
PREFACE

应急管理是近十年我国经济与社会发展而催生出的一个交叉学科，它涉及自然科学、社会科学等众多研究领域，既是学科问题，又是社会问题，还是人的素质能力问题。在这样的背景下，我们始终在思考，作为应急管理部直属高校在服务应急管理事业发展中应该具有怎样的气质内涵？如何培养出适应国家应急需求的人才，已经成为我们必须面对的问题。

华北科技学院源于 1950 年创建的中央燃料工业部干部学校，1955 年划归煤炭部并更名为煤炭工业部干部学校，1982 年升格为北京煤炭管理干部学院，1984 年在燕郊兴建北京煤炭管理干部学院分院，1993 年转制为华北矿业高等专科学校，2002 年升格为华北科技学院。2021 年初，应急管理部深入贯彻落实习近平总书记重要讲话精神，筹备组建应急管理大学。学校“因煤而生，因安而兴，也必将顺应急管理而强”。在 70 余年的办学历程中，学校秉承“自立立人，兴安安国”的训词精神，坚持“居安思危，慎思笃行”的理念，传承、创新、宣传安全科技文化，培养了一代又一代的安全事业接班人。

自然灾害、事故灾难、公共卫生和社会安全等突发事件，校园内外、日常学习和生活中，无时无刻不对人类的生命财产构成严重的威胁。灾害事故的发生表面上源自于单一要素诱致，但产生实质都是多风险因素的叠加交互。灾害事故的发生是多个问题的耦合，应对风险的应急管理也将是多学科的交叉融合。行业院校不仅要为国家应急、区域风险评估、行业监管监察，煤炭、森林、消防等特高危行业持续输送应急管理的“硬实力者”；同时要更加注重应急管理拔尖创新人才的“软实力”的培养，坚持“技术层面”和“文化层面”两手抓。

文化泛指人类在社会历史实践过程中所创造的物质财富和精神财富的总和，是人类群体生活习惯习俗、行为规范、人生价值、思想品德的取向共同体。文化是人类特有的社会现象，是社会历史发展的产物，具有历史性和继承性。每一所学校都会沉淀形成其独具特色的校园安全文化。“居安思危，慎思笃行”就是我校的安全科技文化。居安思危，思则有备，有备无患。预先虑之危险，方可有所备之；事先充足准备，方可避于祸患。居安思危之思想与方法，对治理国家、治学创业皆具警戒与督促之深广意义。凡事预则立，不预则废，事事时时提高警惕，以防祸患，终可至未雨绸缪之至高境界。备豫不虞，为国常道，履霜之戒，常备无患。慎思笃行乃中国传统儒家文化治学之根本，博学而笃志，切问而近思，仁在其中矣。广博地学习，审慎地询问，慎重地思索，明晰地辨析，踏实地履行，知行合一，方可达崇高之人生境界与治学境界。

“居安思危，慎思笃行”，源于儒家治学之道，始于学校之创建，得于安全科技文化思想之传承，兴于“自立立人，兴安安国”之发展，盛于“厚德启智、扶危安国”应急管理大学（筹）之未来。打造特色校园文化，传承与弘扬中华应急安全优秀传统文化，增强民族文化自信，发挥应急管理大学（筹）之特色，打造具有广阔的文化视野和强大创新生命力的校园文化，不断促进社会应急事业进步。

突出时代创新，服务大国应急管理事业，树立大学生国家安全观及“生命至上、安全为本”的思想理念，培育具有群体共识的科学安全观和安全行为文化。倡导大学生将“本质安全型”人才塑造设定为自己的人生目标。掌握大学期间学业、就业安全常识，掌握相关食品、网络、财产、消防、生命自救与互救安全常识，掌握实验室、矿山及化工企业等场所实习安全常识，以及应对突发恶劣天气和自然灾害时的应急知识和技术手段，获得不伤害自己、不伤害他人、不被他人伤害的安全应急能力。

“博观而约取，厚积而薄发”。我们坚信，优秀的安全科技文化不仅可以洗涤大学生的心灵，带来安全感、舒适感、存在感，同时还可以净化心理，保障安全学习、安全生活、安全成长，让学生能成长为最美的“逆行者”和合格的“应急人”。最后，希望该书的出版可以为当今社会传播与创新安全科技文化做出更大的贡献，也盼望莘莘学子能够成为国家应急管理事业未来建设和发展的栋梁之材。

校长：

前 言
FOREWORD

“居安思危、慎思笃行”。大学生人身安全不仅关系着学生的健康成长和家庭的幸福安宁，更关系着社会的和谐稳定和国家的未来发展。掌握应急安全常识是大学生完成学业的重要保障，也是当代大学生健康成长、励志成才的基本前提。近年来，仅大学生在校园内发生的种种安全事件就使得大学校园安全成为社会关注的焦点。以北京地区高校为例，仅 2020 年就发生了各类安全事件事故 130 余起，其中非正常死亡 50 余起，安全事故 40 余起，治安案件 30 余起。大学生各类安全事件频发与教育管理的缺位，使得当前我国大学生日常人身安全面临严峻挑战。因此，提高大学生个体应对各类风险的能力，推动大学生积极主动化解安全隐患，培养具有安全科技文化素养的大学生已经成为大学的一门“必修课”。2021 年 12 月 30 日，国务院印发的《“十四五”国家应急体系规划》中将推动安全素质教育纳入国民教育体系，把普及应急常识和自救逃生演练作为重要内容。为此，我们精心策划，组织相关教师编写了《大学生安全与应急手册》(以下简称《手册》)。

《手册》面向大学生，以全面普及应急安全常识为目的，重视安全行为规范，遵循针对性、阶段性和时效性的原则，在总结大学生日常安全经验教训的基础上，凝练各类安全风险的种类与特征，提出对安全风险的识别与预防、应对与处置措施。旨在提高大学生安全防范意识，熟悉危机规律，增强安全责任，使其能够辨识危险，掌握正确紧急的避险方法，且在危急时刻能够具有一定的专业能力帮助他人。引导大学生践行并传承中华民族“居安思危，慎思笃行”的宝贵安全文化智慧。希望《手册》能够引领大学生一生平安。

《手册》由张瑞新、尹尚先做了最终的统稿与定稿。具体编写分工：第 1 章由陈健（南方科技大学）编写；第 2 章由张威（北京华正安威应急管理技术有限公司）编写；第 3 章由兰泽全编写；第 4 章由何宁编写；第 5 章由司俊鸿编写；第 6 章、第 7 章由祝葆真、常家宁编写；第 8 章由马瑞欣编写；第 9 章由刘玉德、马瑞欣、张威（北京华正安威应急管理技术有限公司）编写；第 10 章由郑贵强、刘卫康（中国地震应急搜救中心）编写；第 11 章由司俊鸿、刘卫康（中国地震应急搜救中心）编写；第 12 章由张威（北京华正安威应急管理技术有限公司）编写；第 13 章由兰泽全、张威（北京华正安威应急管理技术有限公司）、祝葆真编写；附录由兰泽全、张威（北京华正安威应急管理技术有限公司）编写。

本书在编写过程中参阅了许多专家、学者的著作和文献，在此一并致谢。

由于时间仓促，加之编者水平有限，书中不妥之处敬请指正。

编　者

2022 年 1 月

目　录
CONTENTS

“应急兵”是应急管理大学（筹）学生形象的卡通版。以身着应急作训服的大学生为原型，火焰蓝为“应急兵”作训服装的主色调，帽徽和肩章均绘制有应急管理大学（筹）校徽元素。

“应急兵”创作体现应急管理大学（筹）的办学特色，彰显肩负应急管理使命的现代大学生朝气蓬勃、积极向上、勇于奉献国家应急安全事业的精神风貌。

1　学业风险与就业风险

高等教育大众化阶段向普及化阶段的过渡，使得大学教育逐步成为现代社会的基础教育。逐年增长的毛入学率、知识更新迭代的加速、就业市场竞争压力的增大以及社会其他因素的影响，使得大学生的学业与就业变得更加复杂。

1.1 学业风险

调查发现，近十年统计在内的学业预警人数呈现了几何倍数增长，甚至未进入学业预警之列但已经发生学业不良潜在行为的群体更是庞大。与严峻形势恰恰相反的是，大学生学业风险并未能引起学校、学生、家长和社会的广泛重视。学生误认为大学是“自由”“浪漫”“混日子”的场所，家长不相信曾经过关斩将的高考“精英学子”会变成“留级生”或“辍学者”。更严重的是，大学生因为缺少对学业风险的足够重视，导致学业不良并出现焦虑、抑郁，从而引发的校园负面事件频繁见之于媒体。可见，认知学业风险、测量学业风险、把控防范转化尤为重要。

1.1.1 学业风险易发群体

大学生学业风险主要是指大学生因个体先天原因、对大学组织适应原因以及受家庭、社会、舍友等因素影响，导致大学生可能面临学业发展困难甚至难以完成学业的处境。学业高风险群体存在的主要特征如下：

（1）归因不当。学业高风险者在学业困难初期，归因不当者习惯将学业失败归因于外部的、不稳定的、不可控的原因（学习环境差、宿舍影响、教学质量差等），即不承认自己的问题，习惯于找外部原因；当学业困难状态持续到中后期，学业高风险者又将学业失败归因到内部的、稳定的原因上来（自身能力弱、怎么都不如别人、努力也无用等），容易产生自卑的、孤立的、抵抗的心理情绪。

（2）学习投入不足。学生学习性投入的核心是在有效的教育活动中学生个体学习与院校整体环境之间有效地交互作用。已经证实的是，从学业高风险的大学生比较学业正常的大学生来看，参与大学机构所提供的配置资源、安排课程、各类实践教育活动的时间更少。

（3）具有潜在的疏离行为。这里隐含的寓意是，学生和学校或教师就像一个齿轮传动装置上两个咬合在一起的齿轮，一方转动必然会传递给另一方。教育经验相对丰富的工作者一定能够感受得到，在学生成长的过程中，总有些学生不在传动范围之内，具体表现为这些学生从上课远离黑板开始，再到三天打鱼两天晒网，多次离校又返校。从某种程度上讲，这种“疏离”行为类似于“隐退”。学生与学校疏离的四种行为表现，一是学业进步迟缓、课堂行为封闭；二是同非主流地位的群体保持着伙伴关系；三是不参加和不喜欢学校组织的社团、小组、各种课外活动；四是不认可学校学历证书对自己未来能够产生积极影响。

（4）直升机养育后遗症。“直升机父母（Helicopter Parents）”这个国际上流行的术语形象地勾勒出父母像直升机一样盘旋在孩子的上空，时时刻刻监控孩子的一举一动，随时准备俯冲降落的场景。所谓的“直升机父母后遗症”就是指由于长期的“直升机养育”方式，导致以学生为主体的被养育者在脱离了原有的养育方式后所表现的种种不适。为了确保孩子取得积极的学业结果而实施过度养育，但是结果往往事与愿违。过度的养育使得进入大学的新生立即进入“自主需求迷失”的状态。这种状态常常引发大学生发展内驱力缺失、自律性差，甚至表现有明显的焦虑和抑郁等问题。

（5）潜水艇养育后遗症。“潜水艇式父母（Submarine Parents）”与直升机养育方式相对应，它所描绘的场景是父母可能因生活、工作等原因远离孩子或家长与学生生活在一起却缺少有效的沟通的成长状态。在这种环境下成长的大学生，可能存在着潜水艇养育后遗症的风险。潜水艇养育后遗症者不善于通过相互帮助来解决问题，使大学生学业适应性变差；或家长因为曾经的缺失而过度补偿，没有将经济资本合理转换成教育资本，反而出现投入偏差，一味地满足他们子女的物质虚荣心，大学生容易形成过度自我心理，从而难以适应大学组织。

（6）遇到困难不愿意求助。在新生阶段，本专业学习阶段都会面临不同程度的适应需求。其中，有部分学生因为出现适应困难而不愿求助于身边师生，错过了最佳的干预时期而出现学业困难。

1.1.2 学业风险自我测量

2019 年，美国霍普金斯大学大学生学业发展中心向美国国家学生学业评估中心（National Student Assessment Center）提交《本科生学业发展年度报告》指出，影响本科生学业发展的变量主要包括了个体学习投入时间、学习方式多样化程度、学习动机、是否接受帮助以及新生入学后的前两个月课程数量五个方面。

报告明确指出，新生在接受大学前两个月内的课程中仍坚持沿用高中被动的学习习惯、固定的学习模式，又缺少大学生学业健康发展的驱动力，在发生学习困难时不寻求或不接受包括师生和家长的帮助，那么在一个学期后这部分学生大概率就会进入到学业初级预警中。如果现状得不到改善，一个学年后，将会面临留级，甚至退学。

为了实现学业风险预测的可操作性，编者团队将上述五个变量进行了本土化分解，具体样题如下：

1. 学习投入调查样题（表 1）

表 1　学习投入评价样表

题目	从未	有时	经常	很经常
为课堂做准备（学习、阅读、写作、做作业/实验、分析数据等学习活动）	○	○	○	○
能够感受到学校为我的学业成功提供支持和帮助	○	○	○	○
学校组织的各类活动，让我更好地融入校园生活	○	○	○	○
课程中老师能够按照学生的不同要求采用不同的教学方法	○	○	○	○
课堂上设置有课程汇报环节	○	○	○	○
完成作业时需要结合不同课程的知识和观点	○	○	○	○
学到的知识改变了自己理解问题或概念的方式	○	○	○	○
教师能够明确解释课程目标和要求	○	○	○	○
教师的授课方式与自己喜欢的学习方式一致	○	○	○	○
课程内容有深度	○	○	○	○
课程内容有广度	○	○	○	○

2. 学习方式调查样题（表 2）

表 2　学习方式评价样表

题目	从未	有时	经常	很经常
上课时经常有很多问题想提问老师	○	○	○	○
阅读时，会想一想学到了什么	○	○	○	○
阅读时，试图理解作者的意图	○	○	○	○
学习时，试图得出自己的看法	○	○	○	○
对所学的知识提出自己的质疑	○	○	○	○
提前预习老师上课所讲的内容	○	○	○	○
提前规划一周的事情	○	○	○	○
平时坚持学习，并不是考前突击	○	○	○	○
及时复习老师上课讲过的知识	○	○	○	○
每周都会安排固定的时间写作业	○	○	○	○
和同学有很多学习方面的交流	○	○	○	○
积极参加小组讨论	○	○	○	○
愿意和同学分享学习经验	○	○	○	○
愿意与同学们合作一起完成老师布置的作业	○	○	○	○

3. 学业动机调查样题（表 3）

表 3　学业动机自我评价样表

题目	完全不符合	比较不符合	比较符合	完全符合
别人考大学我也只能选择考大学	○	○	○	○
父母期待我能进入大学读书	○	○	○	○
学习新的知识会使我感到愉快和满足	○	○	○	○
大学教育帮助我对未来的事业选择做好充足准备	○	○	○	○
在学习过程中能够超越自己我会感到快乐	○	○	○	○
证明自己具有获取大学学位的能力	○	○	○	○
进入自己喜欢的领域就业	○	○	○	○
在完成具有挑战性的学术活动的过程中我会获得满足感	○	○	○	○

表3（续）

题目	完全不符合	比较不符合	比较符合	完全符合
要证明比其他学生做得好	○	○	○	○
现在就读的专业让我找到了在大学学习的价值	○	○	○	○

4. 获取帮助意愿调查样题

题目：如果我学业出现困难，会优先选择的干预行动为（可以组合选择）：

朋辈学业咨询 ○

教师学业咨询 ○

教师或辅导员谈话提醒 ○

心理咨询 ○

职业生涯规划 ○

运动调节 ○

家校合作 ○

接受经济资助 ○

自主调节 ○

顺其自然 ○

5. 新生入学前两个月的课程或学分

新生入学前两个月的课程或学分量，具体需要根据学生所在的高校类型进行选择，具体包括下述两种情形：一种是固定课程体系的传统高校，在这种情形下，因为所有人面对的课程是一致的，此时，2M被视作常数取值为1分；另一种是对于学分制高校，学生会根据个人能力修习不同的学分，这种情况下，以测算样本学校要求必修的最低学分为基准分值且对应的2M分值为1分，在此基础上，增加学分即增大学业风险，学生每多选择2个学分，对应的2M分值会在基准学分对应的分值1上再增加0.1分。

同学可以通过扫描下文二维码，测量个体的学业风险，如下图所示。

1.1.3 学业风险类型

矛盾冲突型：个体学习投入时间得分低于平均分值；学习方式得分低于平均分值；个体内、外部学习动机相互矛盾；接受帮助意愿得分低于平均分值，则判定当前学业风险类型为矛盾冲突型。

适应障碍型：个体学习投入时间得分高于平均分值；学习方式得分低于平均分值；个体内、外部学习动机得分均低于各自的平均分值；接受帮助意愿得分低于平均分值，则判定当前学业风险类型为适应障碍型。

被动遵从型：个体学习投入时间得分低于平均分值；学习方式得分高于平均分值；个体内部学习动机得分低于外部学习动机得分；接受帮助意愿得分高于平均分值，则判定当前学业风险类型为被动遵从型。

专业游离型：个体学习投入时间得分低于平均分值；学习方式得分低于平均分值；个体内部学习动机得分高于外部学习动机得分；接受帮助意愿得分低于平均分值，则判定当前学业风险类型为专业游离型。

退却疏离型：个体学习投入时间得分低于平均分值；学习方式得分低于平均分值；个体内、外部学习动机得分均低于各自的平均分值；接受帮助意愿得分低于平均分值，则判定当前学业风险类型为退却疏离型。

除此之外，需要说明的是：

（1）考虑到国内大学办学的趋同性，新生第一学期前两个月的课程或学分变量暂不列入核算。

（2）平均分值。在上述各类型表述中，提到的“平均分值”是团队在北京理工大学刘进团队 2018 年对全国 78 所大学本科生能力增值测量的基础上进行的针对性测量。测量得分作为分类系统中的主要参照值。

（3）各类型存在程度上大差异。测量者得分对应不同等级，60 分以下为Ⅰ级、60～80 分为Ⅱ级、80 分以上为Ⅲ级。Ⅰ—Ⅲ级代表程度的增强，例如在矛盾冲突型中，存在有矛盾冲突Ⅰ型、矛盾冲突Ⅱ型和矛盾冲突Ⅲ型，且严重程度由弱到强。各测算模块分值高低的参考分值为全部被试的平均分值。

1.1.4 学业风险的预防与转化

1. 矛盾冲突型学业不良的预防与处置

一是加强对先天学业风险的自我识别。被大学录取后入校前，学生应评估自我状态（家庭亲密度、父母养育方式、高中学习习惯、自我控制力、遗憾或创伤事件），主动做出调整，为顺利融入大学学习环境和社交环境尽可能地做好准备。二是入校后遇到困难能主动向身边人求助。大学针对矛盾冲突型学生，建立了跨部门学生调查团队，团队由辅导员、导师心理咨询人员和家长组成，及时与学业高风险群体进行沟通，提出建议以及提供援助。

2. 适应障碍型学业风险的预防与处置

一是主动获取一年级成功通过经验。包括：个体创建学术目标并详细描述可实现的路径；了解校园所能提供的一切学业发展资源；校园虚拟社区申请；申请学业资助；心理咨询服务；财务管理能力、创业支持等；获取跨文化差异的重要沟通技巧；提高自控力（如时间管理，学习技能，情绪智力和目标设定）。二是竭力实现学业融入。每学期开学前会在网站内公布全部的一年级学术专题安排；学生要在学期指定时间，根据自身兴趣和专业要求选定课程；这些课程包括学校组织的每两周一次的大型演讲和辅导员、班主任每周举行的小型小组会议；鼓励学生在小组互动和反思性论文中分享主题下的个人见解。

3. 被动遵从型学业风险的预防与处置

一是提高自律性。被动遵从型学业不良者在新生入学适应性教育课程中应该被要求选择财务管理、时间管理和情绪管理课程。在新生入学教育阶段设置提高个体自律形式和方法的课程。在学习的过程中，教师、学生导师应该设置与课程理论相对应的实践环节，以作为关注学生状态变化的重要依据。二是提升内驱力。改善表现的具体行动包括帮助学生在入学后的前两个月尽快完成自我定位；明确现阶段所处位置，提供下一阶段需要进步的方向；建立朋辈互助群体，提升个体学习驱动力、策略力和行动力。

4. 专业游离型学业风险的预防与处置

一是树立正确的专业学习观。在现代社会中，专业之间不再是孤立的单一壁垒，学生要将在读专业与意向专业进行融合，实现创新发展。二是抓住专业调整期。如果需要调整专业，要抓住学校规定的专业调整期，做好调整专业所需要的准备。三是专业调整失败后的调整。个体需要努力克服困境，坚持立足现有专业，努力拓展知识面，为未来学科交叉的可能做好准备。

5. 退却疏离型学业不良的预防与处置

退却疏离型是全部类型中最难以有效应对的类型，因为退却疏离型是上述几种类型干预失效的最终结果。“退却疏离”意味着学生个体脱离了学业发展的正常轨道。对于退却疏离型学业不良最好的应对之策，并非是等到已经脱离轨道后才施以对策，而是将解决问题的重点聚焦到预防对策上来。所以做好前四种类型的预防与处置，是对退却疏离型学业不良的最佳预防。

1.2 就业风险

高校毕业生就业风险是指因就业环境中存在着各种不确定因素以及高校毕业生个人预期的不完善性，致使高校毕业生在就业过程中可能面临着各种各样的损失。

1.2.1 大学生经常遭遇的就业风险类型

高校毕业生在就业过程中经常遭遇到各种各样的就业风险，归纳起来，就业的风险主要表现在以下几个方面。

1. 合同风险

一是就业协议书的内容简单，不够细化，缺乏有效的约束力。在协议书备注中的约定一般仅规定服务期限和违约金数额，而对违约的具体情形、具体原因、处理方法、免责条款等则缺乏明确约定和详细说明。二是就业协议签订时的内容（可能是书面的，也可能是口头的）不能与随后签订的劳动合同或聘用合同相吻合，导致毕业生和用人单位之间产生纠纷。如工作地点的问题，有的学生到了用人单位，但却被分到这家单位外地办事处或分公司工作，结果学生不愿意去外地工作而被单位辞退。三是就业协议书的约束力不够强，使得有些用人单位能够较容易地违约和毁约，对毕业生来说是一个重大的损失。

2. 试用期风险

试用期是雇佣双方在签订的劳动合同中约定的相互了解并考察对方的一个时期，期间毕业生面临的风险主要表现在以下几个方面：一是用人单位不与毕业生签订劳动合同，致使以后发生纠纷难以解决；二是试用期间毕业生没有得到工资或工资低于当地规定的最低工资标准；三是毕业生被以莫须有的名义辞退，致使毕业生错过了最佳的就业机会，并承担着求职期间花费的成本；四是试用期的期限被延长等。

3. 时间与概率风险

时间与概率风险是指用人单位在招聘过程中因“时间控制”与“录取概率”等给毕业生就业带来的风险。

一是在用人单位与毕业生双向选择的过程中，用人单位控制着整个招聘的时间安排，决定着录取的概率，这使得用人单位与毕业生在就业中处于不对等的地位。二是当前国家还没有制定具体的就业相关法律法规来规范和约束用人单位的招聘活动，在招聘过程中，用人单位大都从自身单位利益出发，在行使自身“自主招聘”权力的同时往往会损害毕业生就业的一些相关权益，给毕业生的就业带来风险。三是当前用人单位的招聘流程往往是分为笔试（初试）、面试（复试）、体检签约三个阶段，而三个阶段通常是分割的，有时是几周，甚至是一两个月，而每一阶段又固定在某一天或某几天。这使得毕业生频繁辗转多地，错过固定时间而求职失败。

1.2.2 大学生就业风险的预防

（1）完善就业观念，调整就业预期。正确评估硬实力，不断提高软实力。就业中的竞争不仅是专业知识技能等这些硬实力的竞争，也是人与人之间就业观念、心理承受力等“软实力”的对抗比拼。因此，毕业生要学会调整自己的就业观念和心态，就业观念要从“精英”向“大众”转变、从国有企事业单位向私营企业转变、从白领向蓝领转变、从专业对口向通用人才转变、从打工向创业转变。

（2）做好就业预警。就业前，毕业生要对当前我国劳动力市场的市场需求状况有所调查研究，尤其是要对自身专业的就业前景、用人单位对毕业生的条件要求有所掌握，这样才不至于在求职就业中好高骛远、不切实际或者悲观沮丧、消极畏缩。

（3）学习相关法律法规，加强就业维权。毕业生在求职前阅读并掌握与自己求职相关的法律条文和规定。加强对《劳动合同》《就业协议书》基础内容的了解，当发生就业纠纷、自身的就业权益受到侵害时，毕业生要勇于拿起法律武器来捍卫自身的权益，选择正确的维权途径，通过法律来解决就业纠纷。

（4）提高自我保护意识。毕业生在求职中一定要注意明辨是非，谨慎行事。对于就业市场中出现的许多虚假信息、不合理的招聘行为，毕业生应提高警惕，加强自我保护意识，许多的就业风险是可以规避的。如招聘信息中年薪十几万，而对应聘者的各项要求都很低，甚至是条件不限；以各种名义对毕业生收取费用（如报名费、培训费、押金等），甚至有些单位还索要毕业生的一些证件原件（如毕业证、身份证等），这里面都会隐藏着风险。

把控学业　顺利就业

2 大学生行为安全

“君子有所为有所不为，知其可为而为之，知其不可为而不为”。不安全行为在破坏校园日常秩序、影响校园安全稳定的同时，也在一定程度上增加了校内师生的人身和财产安全风险，如若触犯相关法律法规更会受到法律的制裁，遗憾终生。

2.1 大学生行为特点

大学生行为因受到自我价值观、其他行为个体或群体的约束和控制等因素的影响，通常会表现有自主性与他律性、目的性与随意性、有序性与多变性、沉稳性与突发性等特点。

（1）自主性与他律性。从整体上看，大部分大学生具有正确的价值观念，他们的行为在其价值观主导下表现出较强的自主性特点。另一方面，大学生行为的自主性也存在着消极盲目的倾向，表现出自制性差、自律性低等他律性特点，如对社会化集体生活中行为规范的不适应、违背甚至是破坏等现象。

（2）目的性与随意性。大学生所追求的目标，大多比较一致地集中在“成才”目标，其主要行为都是围绕实现这一根本目标而进行的。同时，在大学生明确的目的性行为中，还伴随着许多随意性行为，包括漫无目的的盲动、摇摆不定的变动和一反常态的逆动，如迟到、旷课、酗酒、吸烟、上网聊天、网恋等，反映出部分大学生目的性行为的不稳定、不成熟。

（3）有序性与多变性。大学生行为与其相对稳定的生活形式、生活节律相适应，带有明确的有序性特点。大学生行为常常会按照固定化模式出现和延续，变得单一、简洁。行为的有序性还表现为规范性，它要求大学生的客观行为必须服从于社会制度、法规校纪。大学生行为又是多变、易变的，求变意识促使他们在行为中勇于探索、勇于创新。但是这种多变性也常常把他们的行为引向反面，从而既可表现为对集体生活中固定的规律、条例和约束的厌恶、抵制和违抗，也可表现为自己行为中的随意起伏。

（4）沉稳性与突发性。大学生的思想文化素质和道德水平，决定了他们对自己行为有较强的责任意识。他们能够较为慎重、稳定地决定自己的行为方向和行为方式，对行为能产生的效果和所达到的目标有一定的预见能力。这种沉稳性还包括了大学生行为的持续稳定性。同时大学生行为又存在着浓重的突发、偶发的情绪色彩，许多行为往往和他们的一贯行为表现没有必然联系，常常是在不知不觉的过程中发生。

2.2 维护国家安全

国家安全是指国家政权、主权、统一和领土完整、人民福祉、经济社会可持续发展和国家其他重大利益相对处于没有危险和不受内外威胁的状态，以及保障持续安全状态的能力。

当代国家安全包括政治安全、国土安全、军事安全、经济安全、文化安全、社会安全、科技安全、网络安全、生态安全、资源安全、核安全、海外利益安全、生物安全、太空安全、极地安全、深海安全等16个方面的基本内容。

2.2.1 危害国家安全的行为分类

（1）阴谋颠覆政府，分裂国家，推翻社会主义制度的行为。

（2）参加间谍组织或者接受间谍组织及其代理人任务的行为。

（3）窃取、刺探、收买、非法提供国家秘密的行为。

（4）策划、勾引、收买国家工作人员叛变的行为。

（5）其他危害国家安全的行为。

2.2.2 大学生如何做到维护国家安全

（1）树立国家利益高于一切的观念。

（2）熟悉有关国家安全的法律、法规，对遇到法律界限不清的问题，要肯学、勤问、慎行。

（3）在学习、科研和论文撰写中，对于涉密内容应当遵守保密条例。

（4）善于识别各种伪装。比如有的间谍情报人员采用各种欺骗和诱惑的手段，套取国家秘密、科技政治情报和内部保密情况。

（5）积极配合国家安全机关的工作。

2.3 传销的识别与防范

2.3.1 传销的本质

传销的本质是“庞氏骗局”（即利用新投资人的钱向老投资者支付利息和短期回报，以高利润的假象进而骗取更多投资的行为），不管其形式多么冠冕堂皇，方式如何变化，只要是以“拉人头”、交纳“入门费”的方式或以人际关系链的形式发展而从中牟取利益的，就是传销。

2.3.2 传销的防范

传销通常采用的手段是熟人介绍工作或者通过招聘网站进行招聘，其特点突出表现在赚钱容易且金额巨大。当有人给你介绍工作的时候，要具体问清楚工作的具体内容、地点及公司属性，通过网络（天眼查、启信宝等）查证公司情况是否属实。如果发现招聘岗位比同行业的岗位薪资高出很多且对录用人员的要求十分低，那么这样的工作还是不要相信，因为这样不切实际的工作是不存在的。

大学生要谨记“天下没有免费的午餐”，彻底摒弃“天上掉馅饼”“幸福会空降”的幻想，抛弃一夜暴富的错误观念，树立正确的就业观、择业观和创业观，用智慧和汗水开拓自己踏实的人生之路，才能避免落入传销陷阱。

2.4 邪教的识别与防范

2.4.1 邪教的特点

国内目前较为活跃的邪教组织主要有法轮功、全能神、主神教、血水圣灵、统一教、天父的女儿、三班仆人派、全范围教会、门徒会、灵仙真佛宗、灵灵教、呼喊派、观音法门、被立王等。

邪教组织通常具有以下几方面特点：

◆用歪理邪说欺骗人。

◆用宗教的幌子蒙蔽人。

◆用治病、免灾诱惑人。

◆用各种封建迷信把戏吓唬人。

◆用套近乎、小恩小惠笼络人。

◆用暴力行为胁迫人。

2.4.2 如何防范邪教

不翻看　书籍、传单、光盘等邪教宣传品，遇到不法分子散发邪教宣传品时应马上报告学校或警察。

不理睬　让你离开家庭、对抗政府，让你把亲人、朋友当作“魔鬼”的人。

不接受　陌生人或陌生组织向你提供的“免费”冬夏令营、培训班等活动。

不传播　“世界末日”“只有信神才能消灾避难”等诸如此类的歪理邪说。

不盲从　要求你去为“神”做工的人，以及让你追求不劳而获的人。

不相信　“祷告治病”“不用劳动生产也有饭吃”等邪教教义。

2.5 对“黄赌毒”说不

“黄赌毒”的危害主要表现在使人道德沦丧、精神颓废，传播疾病、危害健康，更严重者可诱发犯罪。

2.5.1 “黄”的表现形式及预防

根据我国相关法律法规的规定，涉黄行为主要表现为：

（1）组织、强迫、容留、介绍、引诱妇女卖淫。

（2）卖淫嫖娼、站街招嫖、发布招嫖信息。

（3）提供色情服务、淫秽色情表演（“裸聊”）。

（4）幕后组织、操纵涉黄违法犯罪活动及充当幕后“保护伞”。

（5）向涉黄违法犯罪人员通风报信，包庇、纵容违法犯罪。

《中华人民共和国治安管理处罚法》明确指出“制作、运输、复制、出售、出租淫秽的书刊、图片、影片、音像制品等淫秽物品或者利用计算机信息网络、电话以及其他通信工具传播淫秽信息的”或者“组织播放淫秽音像的；组织或者进行淫秽表演的；参与聚众淫乱活动的”等行为均属于违法犯罪行为。

大学生对于淫秽物品要做到不看、不传，更不能走私、制作和贩卖；要洁身自爱，多参加有益健康、积极向上的文娱活动，主动接受健康的性教育知识，树立正确的性观念。

2.5.2 “网赌”的表现形式及预防

随着信息网络技术不断进步，赌博类犯罪也朝着网络化、虚拟化发展，致使网络赌博逐步取代传统实体赌场，成为违法犯罪的主要形式。网络赌博常具有以下特征：

◆多与时时乐、百家乐、轮盘等字眼挂钩。

◆服务器多位于境外。

◆参与游戏一般会让受害者先尝到甜头。

◆大多是与色情网站相夹杂。

网络赌博不论是对于大学生自身还是家庭来说，都会带来较深的伤害，如迷心智、损健康、失财物、丢前程、毁名誉、害家庭等。切记网络赌博本质是骗子从头到尾设的局，赌博平台是虚假搭建，后台操控输赢，从你投入第一笔钱开始，就注定了血本无归。

大学生要牢记“赌博本身就违法，财迷心窍易入局，挑战法律受制裁”这一道理。日常要主动参与健康的娱乐方式和生活方式，自觉抵御不劳而获、好逸恶劳等腐朽思想侵蚀，学习相关法律法规，主动增强法治观念，提高拒赌意识，增强抵制诱惑的能力。

2.5.3 “毒”的表现形式及预防

毒品种类很多，范围很广，分类方法也不尽相同。

◆**从毒品的来源看**，可分为天然毒品、半合成毒品和合成毒品三大类。天然毒品是直接从毒品原植物中提取的毒品，如鸦片。半合成毒品是由天然毒品与化学物质合成而得，如海洛因。合成毒品是完全用有机合成的方法制造，如苯丙胺类毒品。

◆**从毒品对人中枢神经的作用看**，可分为抑制剂、兴奋剂和致幻剂等。抑制剂能抑制中枢神经系统，具有镇静和放松作用，如鸦片类毒品。兴奋剂能刺激中枢神经系统，使人产生兴奋，如苯丙胺类毒品。致幻剂能使人产生幻觉，导致自我歪曲和思维分裂，如麦司卡林。

◆**从毒品的自然属性看**，可分为麻醉药品和精神药品。麻醉药品是指对中枢神经有麻醉作用，连续使用易产生生理依赖性的药品，如鸦片类。精神药品是指直接作用于中枢神经系统，使人兴奋或抑制，连续使用能产生依赖性的药品，如苯丙胺类。

◆**从毒品流行的时间顺序看**，可分为传统毒品和新型毒品。传统毒品一般指鸦片、海洛因等阿片类流行较早的毒品。新型毒品相对传统毒品而言，主要指冰毒、摇头丸等人工化学合成的致幻剂、兴奋剂类毒品，在我国主要从 20 世纪末、21 世纪初开始在歌舞娱乐场所中流行。

各种包装的“G点液”

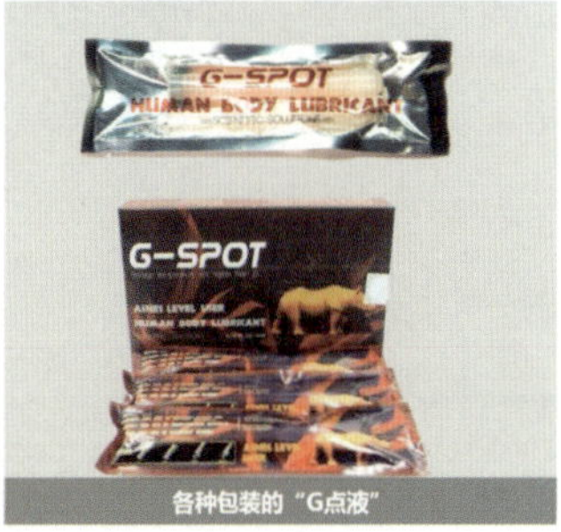

各种包装的“G点液”

各种包装的RUSH

各种包装的RUSH

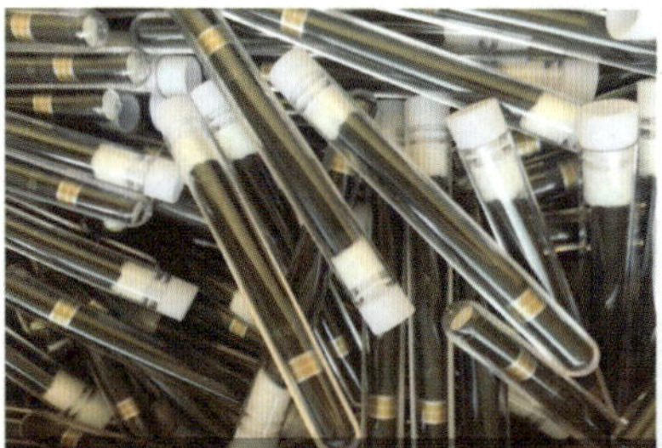
含有四氢大麻酚的电子烟

含有合成大麻素的电子烟油

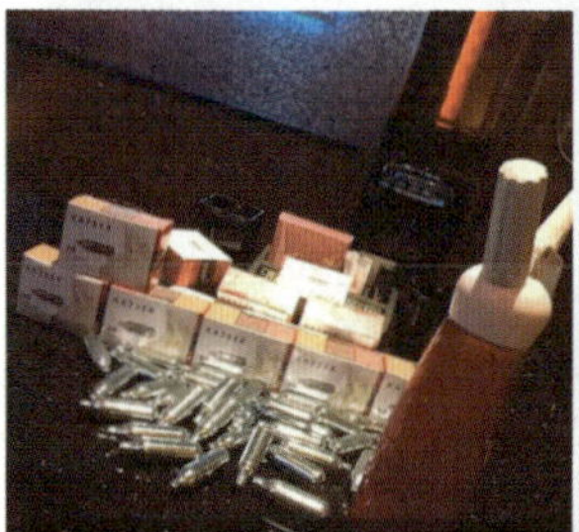
笑气气弹及吸食工具

笑气气弹

各种形态的致幻邮票

各种形态的致幻邮票

作为大学生，我们应该牢记，并一定要做到以下几点：

（1）树立“珍爱生命 远离毒品”的观点。

（2）参加健康有益的文娱体育活动。

（3）切勿因“好奇”而尝试毒品。

（4）提高警惕，切勿盲从他人。

（5）杜绝吸烟、酗酒等不良嗜好。

（6）融入积极健康的朋友圈。

2.6 踩踏事故的预防和处置

踩踏事故通常是指在人员密集场所中，由于现场秩序失去控制，发生拥挤、混乱，导致大量人员被挤伤、窒息或踩踏致死的事故。

2.6.1 踩踏事故的原因

（1）人群密度大，产生群集现象是踩踏事故发生的直接原因。

（2）恐慌心理的出现和扩散是造成大量伤亡的心理方面的原因。

（3）公共场所的硬件设施设计不合理是造成踩踏事故的客观原因。

（4）公众安全素质有待提高是踩踏事件发生的根本原因。

2.6.2 踩踏事故的特点

（1）成拱现象：群集自宽敞的空间涌向较狭窄的出入口形成拱形的人群。

（2）异向群集：恐慌状态下来自不同方向的人群相遇时产生群集现象。

（3）异质群集：紧急情况下，人们都基于超过那些走得慢阻挡自己行进的人。

2.6.3 踩踏事故的预防及应急处置

（1）无论何时在人流密集的地方，都应当仔细观察周围出口的位置，提前规划撤离方案。一旦发现自己被人流裹挟，无法自主控制前进方向的时候，切记不要停下，也不要硬挤，而是要一边顺着人流同步前进，一边向前进方向的侧方移动，直至移出人群。

（2）伸出力量较大的那只手臂，用手掌轻触前面那个人的后背，另一只手握住撑出的那只手的手腕，双臂用力为自己撑开胸前的空间，稳定重心用小步随人流移动，不要试图超越别人。

在拥挤的人群中行走时要时刻保持平衡，不要屈身去捡掉落的钱包、手机等物品，鞋被踩掉也不要弯腰捡鞋、穿鞋，以免被挤倒。

（3）若已经被绊倒或者摔倒，千万不能仰面朝天，否则容易出现内脏被踩伤的情形。要双手在颈后紧扣，以保护身体最脆弱的部位，身体蜷成球状。如果不能靠近墙壁，倒下时，要侧身蜷曲，身体成弓形、双膝并拢贴于胸前、十指交叉双手扣颈，双臂护头，护住胸腔和腹腔的重要脏器。

2.7 女大学生人身安全防范

2.7.1 常见性骚扰类型

常见性骚扰类型主要包括暴力型性骚扰（使用暴力或言语恐吓实施调戏、猥亵或强奸等行为）、胁迫型性骚扰（利用权势或地位，强迫与其发生非暴力性行为）、社交型性骚扰（利用老乡、同学等身份实施骚扰）、诱惑型性骚扰（利用受害人贪图享乐诱惑受害人，实施骚扰）和滋扰型性骚扰（如无端向女生寻衅滋事，暴露生殖器等变态型性滋扰）等几种类型。

2.7.2 性骚扰易发生时间和场所

（1）夏天是易遭受性骚扰的季节。夏天天气炎热，夜生活时间延长，女生外出机会增多，也与夏季女生衣着单薄、裸露部分较多有关。夜晚则是易遭受性骚扰的时间，这是因为夜晚灯光昏暗，作案时不易被人发现，所以女大学生夜晚应减少外出。

（2）上下班期间公共交通工具（公交、地铁）、拥挤的电梯间等人员密集场所是易遭受性骚扰的场所。此外，诸如酒吧、车站、影院等公共场所也是较易发生性骚扰的地点。

2.7.3 典型场所性骚扰行为及应对策略

1. 公交“咸猪手”

（1）用手抓住扶手，在胸前形成一肘安全距离，与前后的乘客隔开一定距离。

（2）最好寻找座位坐下，降低被接触骚扰的可能。

（3）与异性尽量不要面对面站立，要设法侧身对其正面或者用胳膊肘对其正面。

（4）可以装作不经意，用高跟鞋后跟狠踩对方鞋子。

（5）可以大声呼喊抓小偷，引起周围人的注意。

（6）尽量向司机或售票员靠近，也可站立在女性较多的位置附近。

2. 电梯“咸猪手”

（1）单独女性乘坐电梯时，应该尽量靠近电梯按钮站立，方便按下呼救键。

（2）如遇“色狼”，尽可能地多按楼层键，让电梯不断停靠，引起其余人员注意。

（3）如果受到侵犯，可以大声呼喊，让周围人知道。

总之，如在外遭遇性骚扰，一定不能过度慌张，首先应稳住自身情绪，伺机采取防范措施。如果随身有雨伞、香水、高跟鞋等，都可以用来攻击对方敏感要害部位，增加脱身可能性，但不建议盲目硬拼。

2.8 社会实践（兼职）人身财产安全

大学生由于防范意识不强、社会经验不足，社会实践（兼职）中被骗的事件屡有发生。因此，大学生在兼职过程中应谨慎小心，以防自身利益受到不法侵害。

大学生在社会实践过程中应重点掌握以下几方面内容：

一是要选择正规中介和规模型企业，可在相关网站查询招聘单位的营业资质，利用互联网查看意向企业是否存在相应的诉讼或争议案件。

二是如遇招聘单位要求事先缴纳押金或扣押身份证件等非法要求，应提高警惕，与用人单位沟通、协调，协商不成宜选择其他单位。

三是要仔细阅读用工单位提供的用工合同，逐条阅读条款内容，建议用工单位使用政府部门相关制式合同条款，对于不明白或有歧义的条款应与其明确，最大程度降低合同履约风险。

2.9 网络舆论安全

大学生在网络上表达意见和情绪的行为已经成为其生活的重要组成部分，因其自我保护能力差、辨别是非能力不足，易被利用参与造谣、传谣等不法之事，从而受到警告或者批评教育，严重的还会受到法律的制裁，从而影响终生。

2.9.1 大学生网络舆论的特点

（1）网络渠道的多样性。大学生更倾向于通过 QQ、博客、微信等方式来获取信息。

（2）舆论主体的特殊性。鉴于学生心智尚未发展成熟，在参与网络舆论过程中对一些问题的认识也表现出不全面、不清晰的特点，不免存在一些自我约束能力差的学生做出逾越道德甚至违法的事情。

2.9.2 如何正确对待网络舆论

（1）不断提升知识水平和分辨能力。谣言止于智者，在遇到网络谣言时，可以运用自身的知识对谣言的真假进行判断。除了自己的专业知识，还应不断地扩展知识面和阅读量，努力构建多元化的知识体系，辩证看待网络信息，树立正确的价值取向，提升自身在虚拟信息环境下的媒介道德。

（2）多与同学、老师针对网上的谣言进行交流，多视角了解事件的细节。

（3）在遇到不确定信息时应主动求证，多思考、多验证，关注主流媒体的动态报道，切勿自行通过微博、微信、QQ 等网络渠道进行转发。

2.10 防范校园欺凌

不同于一般认知的肢体暴力，大学生校园欺凌形式更加复杂，包含肢体、语言、社交关系、网络传播等多个方面。

2.10.1 校园欺凌的定义及表现形式

校园欺凌一般是指在校园内外，发生在学生之间蓄意或恶意通过肢体、语言及网络等手段，实施欺负、侮辱等造成学生身体或心理被伤害的行为。校园欺凌常有以下几种表现形式：

（1）肢体欺凌。推撞、拳打脚踢、扇打以及抢夺财物等。

（2）言语欺凌。当众取笑、辱骂以及给别人取侮辱性绰号等，是不容易察觉的欺凌形式。

（3）社交欺凌。孤立同学以及令其身边没有朋友等，也是不容易察觉的欺凌形式。

（4）网络欺凌。在网络上发表对受害者不利的网络言论、曝光他人隐私以及对受害者的照片进行“恶搞”等。

2.10.2 如何应对校园欺凌

首先，如感觉到别人有压力、愤怒或者醉酒等情况，不要去激惹对方，有选择的话尽量避开这样的潜在危险场景，因为很有可能会有施暴行为发生。其次，如自身或身边同学遭遇校园欺凌事件时：

（1）保持沉着、冷静的心态，要牢记人身安全永远是第一位。

（2）寻求帮助。不要害怕向外界寻求帮助的行为会造成更坏的结果，当自我能力无法解决被欺凌的事实时，应该积极主动地将受到欺凌的事情向第三方进行求助。常规的求助对象有父母、老师、学校、社会公益组织及执法机关等。

（3）保护自己。被欺凌时不要懦弱，需要采用正当合法且有效的手段保护自己。逃避或许可以解决一时的问题，但始终会遇到无法逃避的生活。

（4）团结同学。一般来说，喜欢独处或不能与他人很好交流的学生较易受到校园欺凌的伤害。因此，日常应团结周边同学，建立良好的朋友圈，当遇到校园欺凌事件，应及时告知身边朋友，寻求帮助。

（5）树立自信。不要将被欺凌当作命运，不要自卑。在行为上、思想上让自己强大，不畏惧凌霸，但是也不要将强硬反抗作为唯一的手段。

2.11 勇做应急“第一响应人”

“第一响应人”（The First Responder）最早来源于急救医疗行业，主要是针对交通灾害、紧急救援等突发事件设定的志愿服务行为。后来将这一概念延伸到应急管理专业领域中，并逐渐拓展至医疗救援、消防救援、安全管理等各类应对突发事件的工作中，并获得了良好的收效。时至今日，“第一响应人”被定义为突发灾害事件后，第一时间在现场，具有快速组织、指挥协调、专业处置能力，能够指挥现场民众徒手或利用简单工具开展抢险救灾的人员。

2010 年 3 月，中德政府联合推广联合国“第一响应人教官培训”，把“第一响应人”的范围定义在警务人员、医务工作者、消防团队、人民教师、政府工作人员等具有一定专业技能或者具有代表性身份的，能够在突发事件中冲向第一现场的人员。2011 年 8 月，联合国灾害救援“第一响应人”培训班在北京成功举办，这次主要针对北京市各个高校、高中等青年志愿者进行了培训，已经逐渐将“第一响应人”的范围拓展至社会群体中具有一定知识能力的人员。

2018 年 11 月，北京市应急管理局组建成立后，为扩大应急体系社会服务力量，提出了应急“第一响应人”的概念和设想，并结合我国国情将其定义为“灾害和突发事件发生后，在第一时间内赶到现场，能够利用已有的知识和技能参加救助或指挥在场人员徒手或利用简单工具开展抢险救灾和救护的人员”。主要职责包括现场组织管理、受难人员救助、作业安全评估、灾情收集上报、外界援助请求、社会治安维护。

作为新时期的大学生，应当积极、主动学习相关突发事件的应急处置技能，不断提升防灾自救的能力，在自然灾害、意外事故等突发事件发生时“勇于”“善于”“敢于”在第一时间采取正确、有效的处置措施，最大限度地将事故可能造成的人身伤亡或财产损失影响降至最低，不断提升自身在“应突”“处突”方面的能力和水平。

规范安全行为 维护国家安全 拒绝“黄、赌、毒”

3 食品安全

民以食为天。食品安全是关系国计民生的大事，2009 年 2 月 28 日第十一届全国人民代表大会常务委员会第七次会议通过了《中华人民共和国食品安全法》；2013 年 12 月 23 日至 24 日，习近平总书记在中央农村工作会议上发表重要讲话，强调指出，能不能在食品安全上给老百姓一个满意的交代，是对执政能力的重大考验。作为新时代的大学生，不仅要了解食品安全方面的政策法规要求，更需要掌握食物中毒的预防和应急措施。

3.1 食物中毒的常见类型及成因

3.1.1 食物中毒的常见类型

食物中毒是指健康人进食正常数量“有毒”的食物后所引起的、以急性感染或中毒为主要临床特征的疾病。所谓“有毒”食物是指被致病菌及其毒素、化学毒物污染的食物或本身含有毒素的动植物食物。在各种原因引起的食物中毒中，以微生物性食物中毒最为常见。根据引起中毒的物质的不同，可将食物中毒分为如下几类：

（1）微生物引起的食物中毒。此处的微生物特指细菌。细菌引起的食物中毒根据其表现的不同，又可分为胃肠型食物中毒（以消化系统症状为主）和神经型食物中毒（以神经系统症状为主）。

（2）有毒动植物引起的食物中毒。这种食物中毒的毒素来自食物本身，而非外界的污染。我们熟知的河豚中毒、发芽土豆中毒、毒蘑菇中毒等都属于此类。

（3）化学毒物引起的食物中毒。农药、鼠药等常用的毒药可能混入食物中，从而引起化学毒物中毒。

（4）真菌毒素和霉变食物中毒。如谷物、甘蔗等食物在不合适的保存环境中可能产生霉变和真菌繁殖，人食用这类食物后可能发生真菌毒素和霉变食物中毒。

3.1.2 食物中毒的成因

现代饮食的复杂多样导致食物中毒的发生概率不断上升，含毒素食物的食用、食品烹饪不当、食物贮存不当、生熟交叉污染以及从业人员带菌污染是导致食物中毒发生的主要原因，在日常生活中一定要对饮食的安全卫生引起充分的重视。

3.2 常见食物中毒的预防

3.2.1 细菌性食物中毒的预防

（1）避免污染。避免熟食品受到各种致病菌的污染。如：避免生食品与熟食品接触，保持食品加工操作场所清洁，避免昆虫和鼠类等动物接触食品。

（2）控制温度。控制适当的温度以保证杀灭食品中的微生物或防止微生物的生长繁殖。如加热食品应使中心温度达到 70℃以上；贮存熟食要及时热藏，使食品温度保持在60℃以上，或者及时冷藏，把温度控制在 10℃以下。

（3）控制时间。尽量缩短食品存放时间，不给微生物生长繁殖的机会。如：熟食应尽快吃完；食品原料应尽快或在保质期内用完。

（4）清洗和消毒。这是防止食品污染的主要措施。对接触食品的所有物品应清洗干净，凡是接触直接入口食品的物品，还应在清洗的基础上进行消毒；一些生吃的蔬菜水果也应进行清洗消毒。

3.2.2 有毒动植物食物中毒的预防

对于豆荚类和豆浆等食物来说，只需要在烹饪时完全煮熟就能彻底破坏有毒物质；不要采摘、进食野生毒蘑菇，也不要购买来源不明、不认识的蘑菇。

3.2.3 化学性食物中毒的预防

少食含铅量高的食物；蔬菜水果食用前要洗净，能去皮的尽量去皮，以防残留农药中的铅成分；适当补充维生素 C 或驱铅食物（如牛奶、海带、洋葱等），以促进铅的排出。

3.2.4 真菌毒素和霉变食物中毒的预防

预防真菌毒素和霉变食物中毒需要从日常生活做起，必须加强粮食作物的防霉除毒措施，保证食用的粮食、食品不被真菌或真菌毒素污染；改良食品的保管条件和方法；改变吃易霉变食物（如腌菜、酸菜等）的饮食习惯；多吃新鲜蔬菜。在各种预防措施中，最关键的是防霉与除毒，尤其是防霉。

3.3 常见食物中毒事件的应急处置

一旦有人出现上吐、下泻、腹痛等食物中毒症状，首先应立即停止食用可疑食物，立即拨打急救电话 120 呼救，同时采取以下措施：

（1）催吐。对中毒不久而无明显呕吐者，可先用手指、筷子等轻微刺激其舌根部的方法催吐（注意力度和伸入的深度不宜过大，避免食物进入气管增加新的危险），或让中毒者大量饮用温开水并反复自行催吐，以减少毒素的吸收。如经大量的温开水催吐后，呕吐物已为较澄清液体时，可饮适量牛奶以保护胃黏膜。如在呕吐物中发现血性液体，则提示可能出现了消化道或咽部出血，应暂时停止催吐。

（2）导泻。如果中毒人员吃下去的中毒食物时间较长（如超过 2 小时），而且精神较好，可采用服用泻药的方式促使有毒食物排出体外。

（3）保留食物样本。确定中毒物质种类对治疗来说非常重要，因此发生食物中毒后，要保存导致中毒的食物样本以提供给医院进行检测。如果身边没有食物样本，也可以保留患者的催吐物和排泄物，以方便医生确诊救治。

3.4 大学生校外用餐食物中毒的预防与应急处置

3.4.1 大学生校外用餐食物中毒的预防

（1）尽量选择公共食堂食物，尽量避免选用卫生条件不好的餐食。

（2）注意个人卫生，饭前便后要洗手。

（3）避免食用加工不彻底、不新鲜的食物，少吃腌制性食物。

（4）饭菜颜色、性状等发生变化，或者味道上有改变的，拒绝食用。

（5）购买食物看清“有效期”和“保质期”。

（6）蔬菜等生鲜食品最好煮食、烹调，水果削皮后再食用。

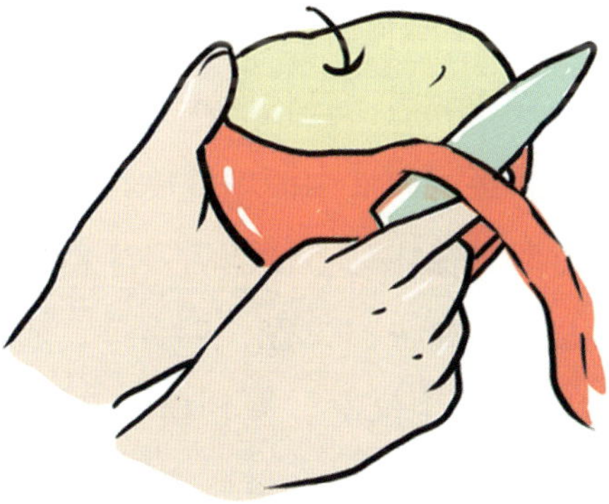

3.4.2 大学生校外用餐食物中毒的应急处置

（1）在确认发生食物中毒以后，应及时送诊，并适当补充温开水。

（2）在吃下有毒食物 1～2 小时，如果出现中毒症状，可以先用催吐的方法将尚未完全消化吸收的有毒食物排出体外。

（3）在吃下有毒食物 2～4 小时，因胃里食物可能已充分消化，这时候催吐改变症状的概率变小，更适合用刺激机体排泄的方法，减少毒素的吸收。如采用按揉涌泉穴或者太冲穴的方法来排出毒物。涌泉穴位于足底前 1/3 处，即用力弯曲脚趾时，足底前部出现的最凹陷处；太冲穴位于足背第 1、2 跖骨结合部之前的凹陷中。

3.5 酒精中毒的预防与处理

3.5.1 酒精中毒概述

酒精中毒俗称急性醉酒，是指患者一次饮用大量酒精（乙醇）后发生的机体机能异常状态，对神经系统和肝脏的伤害最严重。医学上将其分为急性中毒和慢性中毒两种，前者可在短时间内给患者带来较大伤害，甚至可以直接或间接导致死亡；后者给患者带来的是累积性伤害，如酒精依赖、精神障碍、酒精性肝硬化及诱发某些癌症（口腔癌、舌癌、食管癌、肝癌）等。

饮酒后的酒精约 20%在胃内吸收，80%在十二指肠及小肠吸收。酒精的中毒量和致死量因人而异，中毒量一般为 70～80 克，致死量为 250～500 克。是否发生中毒与下述因素有关：胃内有无食物（空腹者吸收快）；是否食入了脂肪性食物（脂肪性食物可减慢酒精的吸收）；胃肠功能好坏（胃肠功能好的吸收迅速）；人体转化剂处理酒精的能力（能迅速将乙醇转化为乙酸的不易中毒）。

酒精中毒的临床表现可以分为单纯性醉酒和复杂性醉酒两种。

（1）单纯性醉酒。又称为普通醉酒，是指一次大量饮酒引起的急性中毒。中毒的严重程度与患者的饮酒速度、饮酒量、血液中酒精浓度以及个体耐受性有关。临床通常分为兴奋期、共济失调期及昏睡期。轻症患者饮酒后发生精神异常状态，如话多、易怒、面色潮红或苍白、眼部充血、心率加快、头昏、头痛等。随着病情进展，患者会出现步态不稳、动作笨拙、言语含糊、语无伦次、视物模糊及重影，并伴有恶心、呕吐等症状。重症中毒患者呈昏睡状态、面色苍白、口唇青紫、皮肤湿冷、体温下降、呼吸浅表、瞳孔扩大。严重者陷入深昏迷、血压下降、呼吸缓慢、心率加快，直至衰竭死亡。

（2）复杂性醉酒。是指大量饮酒过程中或饮酒后，患者突然出现强烈的精神运动性兴奋和严重意识混乱的状态。此时患者意识障碍更重，精神运动性兴奋更为强烈，持续时间更长。容易出现暴力行为如报复性伤害、杀人毁物及性犯罪等。患者对周围情况仅有模糊的认识，发作后对发作经过部分或全部遗忘。

3.5.2 酒精中毒的预防

（1）开展反酗酒的宣传教育，创造替代条件，加强文娱体育活动。

（2）饮酒时不打乱饮食规律，切不可“以酒当饭”，以免造成营养不良。

（3）不要和碳酸饮料如可乐、汽水等一起饮用，这类饮料中的成分能加快身体对酒精的吸收。

（4）饮酒时做到“饮而不醉”的良好习惯，切勿以酒当药，以解烦愁、寂寞、沮丧和工作压力等。

（5）一旦成瘾，应迅速戒酒，对戒断综合征应细心照料，重者必须入院治疗，应用抗饮酒药物，让其对酒产生厌恶感。

（6）对酒精中毒性精神病患者，戒酒及症状明显好转之后，应帮助他们解决人际关系问题，进行社会性康复。

（7）甜点加水果。俗话说“酒后吃甜柿子，酒味会消失”，甜柿子之类的水果含有大量的果糖，可以使乙醇氧化，促进乙醇加快分解代谢，甜点也有相似的效果。

（8）不要空腹饮酒，因为空腹时酒精吸收快，人更容易醉，而且空腹饮酒对胃肠道伤害大，容易引起胃出血、胃溃疡。最好的预防方法就是在喝酒之前，先行食用油质食物（如肥肉、蹄膀等）或饮用牛奶，利用食物中的脂肪不易消化的特性来保护胃部，以防止酒精渗透胃壁。

3.5.3 酒精中毒的应急处置

（1）尽快呕吐，清除毒物。处理酒精中毒最关键的一步就是及时催吐，呕吐时可以采取用筷子或手指刺激咽部的方法，迅速将胃里的酒精吐出来，以减少酒精对胃黏膜的伤害。

（2）多喝开水。送医之前患者必须做好自救的准备，可以准备一定的温开水，加入适量食盐和蜂蜜，不仅能够保证体内能量平衡，还能够起到稀释酒精的作用。

（3）服用维生素。患者可以服用维生素 B1 和维生素 E 来促进乙醇的分解。酒精中毒后如果救护车还没到，必须及时补充体内维生素，以便迅速分解酒精，减轻酒精对身体的伤害。

（4）保持呼吸道通畅。尤其是在呕吐的时候，必须避免将呕吐物误吸进入呼吸道导致窒息等危重情况的发生。

（5）激素治疗。在酒精中毒的治疗中，激素对于人体的调节十分重要。这种治疗不但可以抑制酒精脱氢酶，降低人体中的酒精含量，使患者保持清醒状态，还可以起到戒酒的作用。

（6）药物治疗。对于轻度和中度患者来说，可在医生的指导下使用药物治疗或者输液治疗，在一定程度上进行补液，缓解患者不适症状。

食品卫生　健康人生

4　传染病的预防

传染性疾病一直被认为是威胁人类生存与健康，阻碍社会及经济发展的主要危害之一。传染病与其他自然灾害不同的是其危害具有不可预测性。传染病其实并不可怕，可怕的是没有正确的认识和正确的预防措施。

4.1 传染病的种类及特点

4.1.1 传染病概述

传染病是指由病原体感染人体后产生的有传染性的、在一定条件下可流行的疾病。

病原体：感染后可导致疾病的微生物和寄生虫，常见的有病毒、细菌、寄生虫、立克次体、衣原体、真菌等。

人们生活中所遇到的每一种传染病都有其特异的病原体。遭病原体侵袭后是否发病，一方面固然与其自身免疫力有关，另一方面也取决于病原体致病性的强弱和侵入数量的多寡。传染病的病原体可以从一个人经过一定的途径传染给另一个人。

4.1.2 传染病的特点

传染病与其他疾病的主要区别在于传染病具有以下四个基本特征。

1. 病原体

每种传染病都是由特异性病原体引起的。病原体可以是微生物或寄生虫。特定病原体的检出在确定传染病的诊断和流行中有着重大意义。

2. 传染性

传染性是传染病与其他感染性疾病的主要区别。比如新型冠状病毒肺炎和普通的感冒都可以表现为发热、咳嗽，但后者无传染性、无须隔离，前者则有传染性，必须隔离。传染性意味着病原体能通过某种途径感染他人。传染病患者有传染性的时期称为传染期。它在每一种传染病中都相对固定，可作为隔离患者的依据之一。

3. 流行病学特征

（1）流行性。可分为散发、暴发、流行和大流行。散发是指某传染病在某地的常年发病情况或常年一般发病率水平。暴发是指在某一局部地区或集体单位中，短期内突然出现许多同一疾病的患者，大多是同一传染源或同一传播途径，如食物中毒。当某病发病率显著超过该病常年发病率水平或为散发发病率的数倍时称为流行。当某病在一定时间内迅速传播，波及全国各地，甚至超出国界或洲境时称为大流行。

（2）季节性。不少传染病的发病率每年都有一定的季节性升高，如呼吸道传染病常发生在冬春季，肠道传染病及虫媒传染病好发于夏秋季。

（3）地方性。有些传染病或寄生虫病由于地理条件、气温条件、人民生活习惯等原因，常局限在一定的地理范围内发生，如血吸虫病、疟疾等。

（4）外来性。指在国内或地区内原来不存在，而从国外或外地通过外来人口或物品传入的传染病，如霍乱。

4. 感染后免疫

感染后免疫指免疫功能正常的人体经显性或隐性感染某种病原体后，都能产生针对该病原体及其产物的特异性免疫。感染后免疫的持续时间在不同传染病中有很大差别。在临床上，感染后免疫如果持续时间较短，可出现再感染或重复感染。

4.1.3 传染病的种类

我国按照传染病的轻重、传染范围等多方面进行分类。根据《中华人民共和国传染病防治法》的规定，分为甲、乙、丙三类进行管理。

甲类传染病：霍乱、鼠疫。

乙类传染病：传染性非典型肺炎、艾滋病、病毒性肝炎、脊髓灰质炎、人感染高致病性禽流感、麻疹、流行性出血热、狂犬病、流行性乙型脑炎、登革热、炭疽、细菌性和阿米巴性痢疾、肺结核、伤寒和副伤寒、流行性脑脊髓膜炎、百日咳、白喉、新生儿破伤风、猩红热、布鲁氏菌病、淋病、梅毒、钩端螺旋体病、血吸虫病、疟疾。

丙类传染病：流行性感冒、流行性腮腺炎、风疹、急性出血性结膜炎、麻风病、流行性和地方性斑疹伤寒、黑热病、包虫病、丝虫病，除霍乱、细菌性和阿米巴性痢疾、伤寒和副伤寒以外的感染性腹泻。

2020 年 1 月 20 日，国家卫健委发布 2020 年第 1 号公告，经国务院批准，将新型冠状病毒肺炎纳入《传染病防治法》规定的乙类传染病，并采取甲级传染病的预防、控制措施。

4.2 传染病的传播途径及预防

4.2.1 传染病流行基本条件

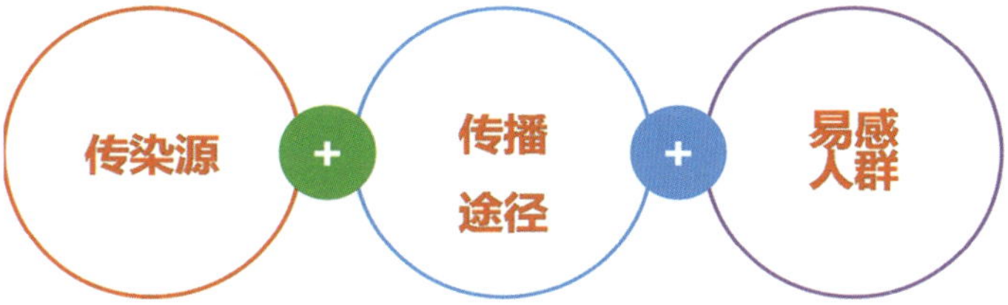

（1）传染源：能散播病原体的人或动物，包括传染病患者、隐性感染者、病原体携带者、患病或带病原体的动物。

（2）传播途径：常见的传播途径有消化道传播、呼吸道传播、虫媒传播、接触性传播、血液传播和其他传播。

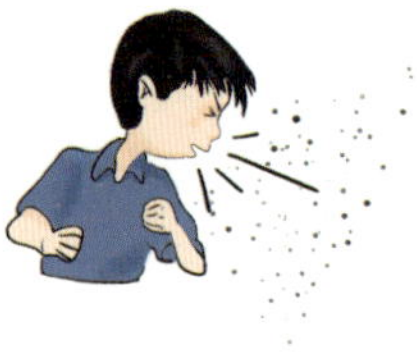

呼吸道传播

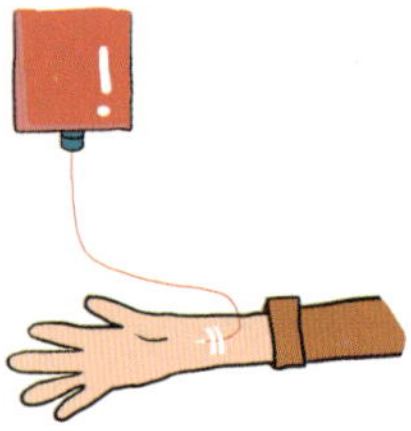

血液传播

接触传播

虫媒传播

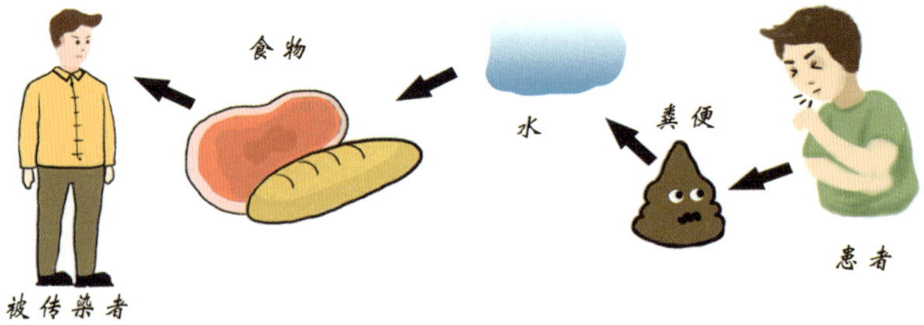

消化道传播

（3）传染病易感人群：指的是缺乏免疫力，在接触了传染源后容易发生传染病的人。例如：出生后6个月以上、未做预防接种的婴幼儿，很容易感染上许多传染病，这是因为在他们体内缺乏特异免疫力的缘故。

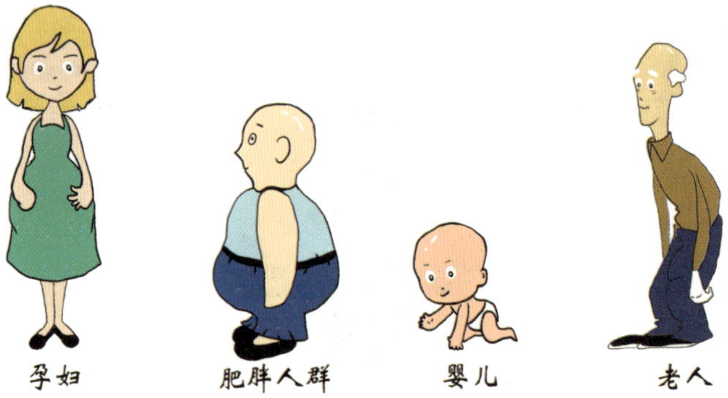

4.2.2 传染病的预防

人类预防传染病的目的是保护生命健康，维护正常秩序，保证社会安定，促进社会和谐。预防传染病的流行，首先要改善卫生条件，包括环境卫生、食品卫生、饮水卫生。免疫预防是传染病预防中经济、有效、简便的手段。

1. 管理传染源

（1）对于传染病患者和病原体携带者要实施管理，要求“五早”：早发现、早诊断、早报告、早隔离、早治疗。

（2）对于甲类传染病，要求必须在 2 个小时之内上报县级疾控机构，乙类传染病要求必须在 6 个小时内上报。

（3）对于传染病的病原携带者进行管理与必要的治疗，比如办理健康证。

（4）对于传染病接触者，也必须进行医学观察、集体检疫，必要时进行免疫或药物预防。

（5）动物传染源应根据经济价值对野生动物及家畜进行隔离治疗或宰杀，并加以消毒。大学生在校园内不应饲养宠物，不挑逗、不投喂野猫、野狗和松鼠等动物。

2. 切断传播途径

根据传染病不同的传播途径，要采取不同的防疫措施。例如：针对肠道传染病，要做好床边隔离，对吐泻物进行消毒，加强饮食卫生及个人卫生，做好水源及粪便管理；针对呼吸道传染病，应开窗通风，使空气流通，进行空气消毒，个人戴口罩；针对虫媒传染病，应该有防虫设备，并采用药物杀虫、防虫、驱虫。

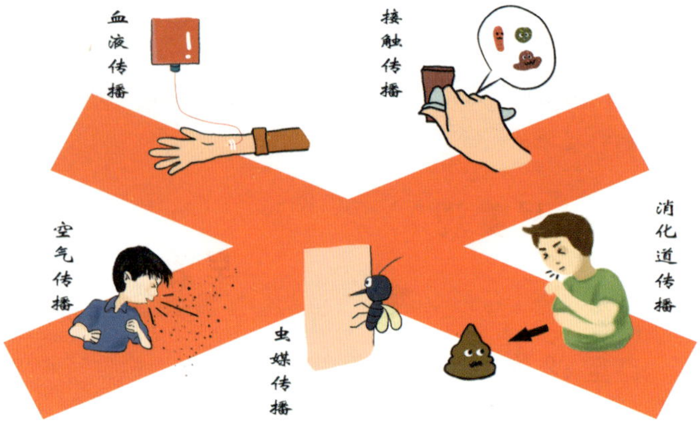

3. 保护易感人群

提高人群抵抗力，有重点、有计划地预防接种，提高人群特异性免疫力。人工自动免疫是有计划地对易感者进行疫苗、菌苗、类毒素的接种，接种后免疫力在 1～4 周内出现，持续数月至数年。

4.3 新型冠状病毒的传播途径及预防

4.3.1 什么是新型冠状病毒

冠状病毒是目前自然界广泛存在的一类病毒，因该病毒形态在电子显微镜下观察类似王冠而得名。冠状病毒是一个大型病毒家族，已知会感染人的冠状病毒有七种：其中四种在人群中较为常见，但致病性较低，一般仅引起类似普通感冒的轻微呼吸道症状；另外两种是中国人熟知的严重急性呼吸综合征（SARS）冠状病毒和中东呼吸综合征（MERS）冠状病毒，可分别引起严重急性呼吸综合征和中东呼吸综合征等较严重疾病；最后一种就是新型冠状病毒，是以前从未在人体中发现的冠状病毒新毒株。2020 年 1 月 12 日，世界卫生组织正式将造成武汉肺炎疫情的新型冠状病毒命名为 2019 新型冠状病毒（2019-nCoV）。新型冠状病毒对紫外线和热敏感，56℃加热 30 分钟、乙醚、75%的乙醇、含氯消毒剂、过氧乙酸和氯仿等脂溶剂均可有效灭活病毒，但氯己定不能有效灭活病毒。

目前已知包括新型冠状病毒在内的可感染人类的冠状病毒

共有7种

① HCoV-229E
② HCoV-OC43
③ HCoV-NL63
④ HCoV-HKU1

在全球，
10%~30%的上呼吸道感染由这四类
冠状病毒引起，
在造成普通感冒的病因中占第二位

⑤ MERS-CoV
⑥ SARS-CoV
⑦ 2019-nCoV

所致疾病的严重程度以及社会影响
远远超过其它冠状病毒

4.3.2 新型冠状病毒的危害性

基于目前的流行病学调查，新型冠状病毒潜伏期一般为 1～14 天，多为 3～7 天。临床以发热、乏力、干咳为主要表现，少数患者伴有鼻塞、流涕、腹泻等症状。重型病例多在一周后出现呼吸困难，严重者快速发展为急性呼吸窘迫综合征、脓毒症休克、难以纠正的代谢性酸中毒和凝血功能障碍。

”新型冠状病毒“临床表现都有哪些

主要临床表现

新型冠状病毒感染的肺炎患者
主要表现为发热、乏力、干咳，
并逐渐出现呼吸困难

严重者

严重者表现为急性呼吸窘迫综合征、
脓毒症休克、难以纠正的代谢性酸
中毒和凝血功能障碍

部分患者起病病症轻微，可无发热。
多数患者为中轻症，预后良好，少数
患者病情危重，甚至死亡。

新冠病毒就是一种变异较快的病毒。值得关注的新冠病毒变异株有五种：阿尔法株、贝塔株、伽马株、德尔塔株、奥密克戎株。

新冠病毒具有极强的传播性，已经传播到了 100 多个国家。据世界卫生组织估算，2020 年 1 月 1 日至 2021 年 12 月 31 日期间，全球与新冠病毒直接或间接相关的死亡人数约为 1491 万人。

4.3.3 新型冠状病毒的传播

新型冠状病毒的主要传播方式包括飞沫传播、接触传播（包括手污染导致的自我接触）以及不同大小的呼吸道气溶胶近距离传播。例如，病人或病原携带者在呼气、打喷嚏或咳嗽时，病毒经口、鼻排出，易感者吸入后可引起感染；直接或间接接触携带病毒的分泌物、血液、体液或排泄物以及被病毒污染的物品时，有可能造成感染。

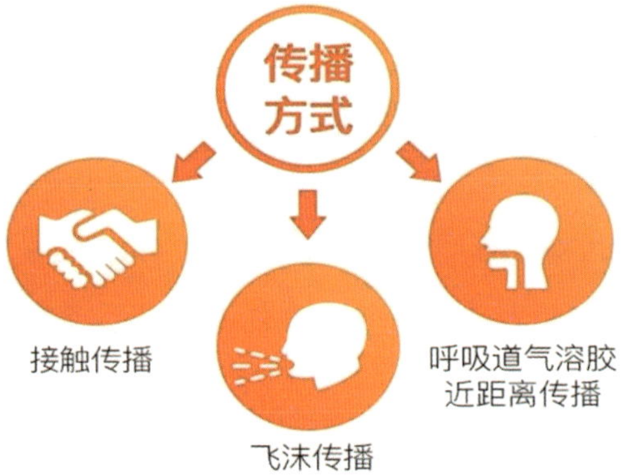

新型冠状病毒感染的肺炎在免疫功能低下和免疫功能正常人群均可发生，与接触病毒的量有一定关系。对于免疫功能较差的人群，例如老年人、孕产妇、肝肾功能异常或有慢性疾病的人群，感染后病情更重。

4.3.4 新型冠状病毒的预防

根据中国疾病中心和世界卫生组织各方专家的观点，公众预防新冠病毒应注意以下四个方面：

（1）勤洗手。

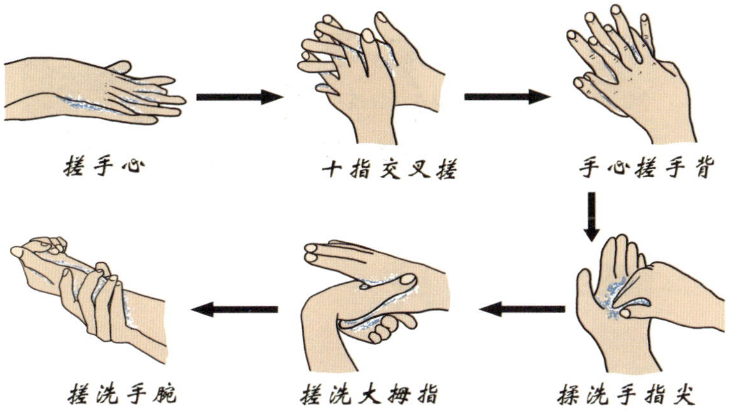

（2）主动防护。

（3）避免密切接触。

（4）良好安全饮食习惯。

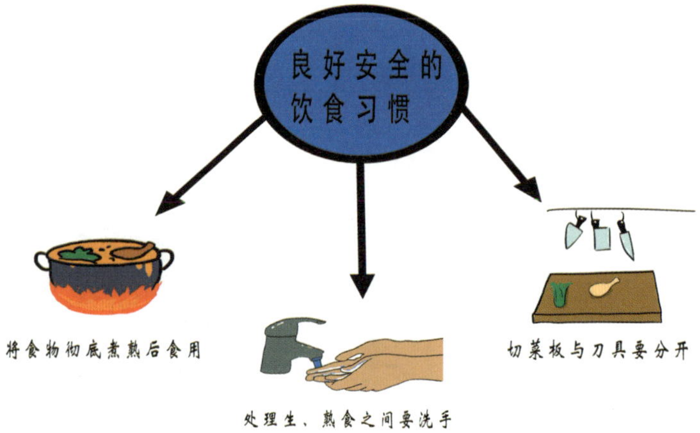

4.4 艾滋病的传播途径及预防

艾滋病，即获得性免疫缺陷综合征，英语缩写 AIDS（Acquired Immune Deficiency Syndrome）的音译。它是人体注射并感染了人类免疫缺陷病毒（HIV）所导致的一种危害性极大的传染病。因此，艾滋病被称为“20 世纪的瘟疫”。

4.4.1 艾滋病的传播

艾滋病病毒感染者虽然外表和正常人一样，但他们的血液、精液、阴道分泌物、母乳、皮肤黏膜破损或炎症溃疡的渗出液里都含有大量艾滋病病毒，具有很强的传染性；唾液、泪水、汗液和尿液中也能发现病毒，但含病毒很少，传染性不大。艾滋病病毒主要通过性行为传播、血液传播和母婴传播，一般的接触并不能传染艾滋病，所以艾滋病患者在生活当中不应受到歧视，如共同进餐、握手等都不会传染艾滋病。

4.4.2 艾滋病的预防

目前还没有治愈艾滋病的药物和方法，但却是可以预防的，只要每个人都掌握预防艾滋病的常识，就可以把传染艾滋病的危险性减少到最低限度。

（1）遵守性道德，洁身自爱，正确使用安全套进行安全的性行为，避免性接触传播；不要有婚前和婚外性行为。

（2）遵守婚前健康检查的规定，婚前一定知道对象是否已受艾滋病毒感染；遵守政府法令，杜绝卖淫嫖娼。

（3）不到消毒不严密或不消毒的理发店和美容店去理发或美容。

（4）浴室的修剪刀一定要消毒，刮脸刀、电动剃须刀必须每个人自备专用，不与他人共用。

（5）牙刷必须每个人一把；不使用未消毒的器械穿耳眼、文眉、文身。

（6）医疗时使用严格消毒的注射器及检查治疗器械，不到消毒得不到保证的诊所、医院去打针、拔牙、针灸或手术。

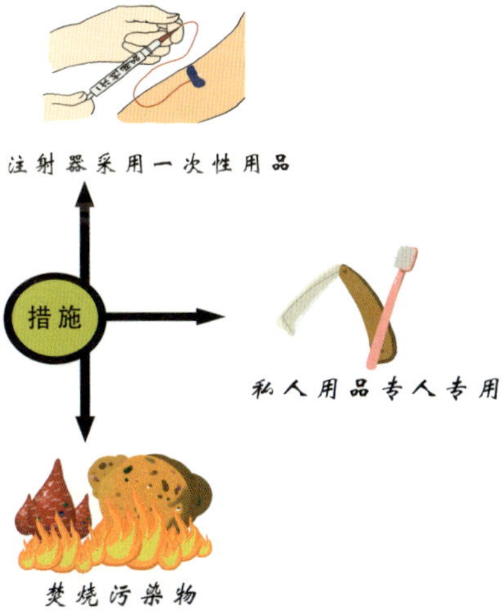

（7）儿童打预防针必须做到一人一针一管。

（8）在救护流血伤员时，要设法防止血液直接沾到自己的皮肤或黏膜上。

（9）不以任何方式吸毒，有毒瘾未戒除前切勿与他人共用注射器。

（10）受艾滋病感染的妇女不要怀孕。

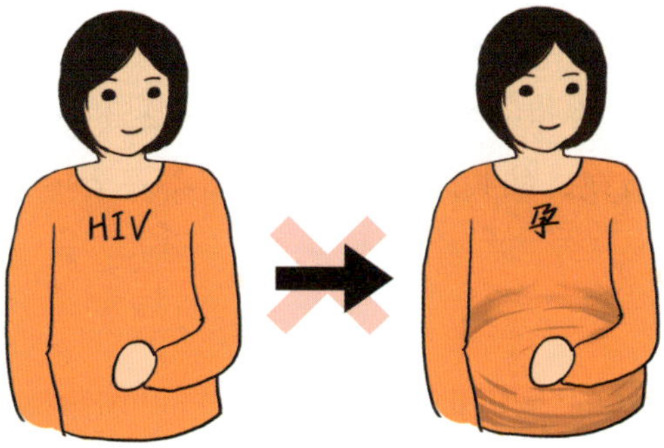

（11）禁止 HIV 抗体阳性者献血及提供其他体液。

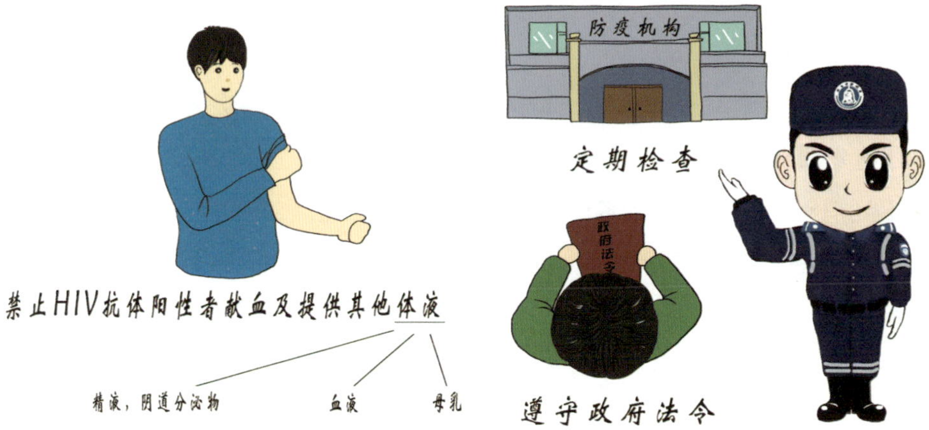

（12）怀疑自己感染艾滋病时，可以到各地医学科研机构，大医院，省、市级防疫机构接受检查；一次抽血艾滋病病毒抗体阴性检验，不能完全排除有没有传染上艾滋病，应定期检查才能确认。

（13）如果不慎感染艾滋病毒，在 72 小时内（越短越好）就医或到附近疾病预防控制中心，遵医嘱服用艾滋病阻断药物来防止感染（24 小时内服用，阻断效果达 80%以上）。就算没有成功阻断病毒，也不要恐慌，终身服用压制艾滋病的药物（国家免费提供），仍然可以像正常人一样活到七八十岁。

4.5 鼠疫的传播途径及预防

鼠疫是鼠疫杆菌引发的致死性极高的恶性传染病，潜伏期一般为 2～3 天。如果进行过疫苗的预防接种，潜伏期可延长至 9～12 天。该病发病急，传染性强。但随着现代医学科技的快速发展，鼠疫是可防、可控、可治的。

鼠疫的主要症状表现为：突然寒战、高烧、剧烈头痛、呕吐、面部发红、眼红、皮肤有出血点等。鼠疫临床上有腺型、肺型、败血型及其他型。

4.5.1 鼠疫的传播

鼠疫主要在啮齿动物中循环进行，形成自然疫源地，主要是鼠类和旱獭。肺鼠疫患者痰中可排出大量鼠疫杆菌，因而成为重要传染源。

（1）造成人间鼠疫流行的传染源有：一是患有或死于鼠疫病的各种动物，如旱獭等；二是动物体外寄生的跳蚤等；三是鼠疫病人。

（2）鼠疫的传播途径：一是接触患有鼠疫病的动物，如剥皮、煮食等；二是被带有鼠疫菌的跳蚤叮咬；三是鼠疫病人传播。

（3）鼠疫的易感人群：人群对鼠疫普遍易感，无性别年龄差别。病后可获持久免疫力。预防接种可获一定免疫力。

4.5.2 鼠疫的预防

鼠疫可防可控可治，早期发现疫情，早期报告，及时处理疫区是制止鼠疫蔓延的关键措施。

（1）避免在鼠疫源地，接触鼠及旱獭特别是病（死）旱獭，有感染鼠疫的危险。

（2）坚持“三不”制度：不接触、不剥皮、不煮食病（死）旱獭及其他病死动物；不在旱獭洞周围坐卧休息，以防跳蚤叮咬；不到鼠疫病人或疑似鼠疫病人家中探视护理或吊丧。

（3）坚持“三报”制度：发现病（死）旱獭和其他病（死）动物要报告；发现鼠疫病人或疑似鼠疫病人应立即报告；发现原因不明的急死病人应立即报告。

（4）疫源地内，或在 10 日内到过疫源地的人员，突然发生高热，发生明显的淋巴结肿大，或咳嗽、痰中带血，且病程进展迅速，应考虑感染鼠疫的可能性，及时就诊，立即向防疫机构报告并采取措施，避免病人与更多的人接触。

（5）在尚未发现鼠疫疫情情况下，一般群众和救援人员不需要采取接种疫苗、预防性服药等特异性预防措施，也不需要穿着特殊防护装备。

4.5.3 鼠疫的防疫应急知识

（1）家中或单位发现死老鼠，应立即向所在地区疾病预防控制中心报告。

（2）如人体出现不明原因的高热，淋巴结肿大、疼痛，咳嗽，咳血痰等症状，应立即到医院就诊。一旦确诊，立即将病人隔离。

（3）由专业人员对病人用过、接触过的物品及房间进行消毒。

（4）接触过鼠疫病人者应主动向疾病预防控制中心报告。发生疫情，须服从当地政府、疾病预防控制中心的指挥。严禁无关人员进入疫区。

预防传染疾病
关爱健康　幸福人生

5　校园消防安全

校园人员密集，一旦发生火灾，极易造成师生伤亡和财产损失，后果十分严重。生命只有一次，安全大于一切，我们应该多掌握消防安全知识，防患于未然，让火灾远离校园，让安全呵护生命。

5.1 火灾的定义

火灾是指在时间或空间上失去控制的燃烧所造成的灾害。依据 2015 年修改的《生产安全事故报告和调查处理条例》中规定的生产安全事故等级标准，消防部门将火灾分为特别重大火灾、重大火灾、较大火灾和一般火灾四个等级。

常见的火灾发生原因主要有：①电器故障；②烟头引燃；③生活用火不慎；④生产作业不慎；⑤小孩玩火；⑥蓄意放火；⑦自然雷击。

5.2 校园火灾的类型

5.2.1 生活火灾

学生生活用火造成火灾的现象屡见不鲜，已占校园火灾事故总数的 70%以上。主要表现为：在宿舍内违规使用燃气、燃油、电器；火源位置接近可燃物；使用大功率照明设备等。

5.2.2 电气火灾

学生宿舍电源插座较少，违章乱拉电源线路现象普遍，不符合安全规范的安装操作致使电源短路、断路、接点接触电阻过大、负荷增大等，导致电气火灾的隐患增多。

5.2.3 自然现象火灾

雷电是常见的自然现象，它产生的电弧为引起火灾的直接火源，摧毁建筑物或窜入其他设备可引起多种形式的火灾。预防雷电火灾必须合理安装避雷设施。

自燃是指可燃物在空气中没有外来火源作用，靠自热或外热而发生燃烧的现象。如黄磷、锌粉、铝粉等燃点低的一类物质在自然环境下就可燃烧；钾、钠等碱金属遇水即剧烈燃烧；不干的柴草、煤泥、沾油的化纤、棉纱等大量堆积，经生物作用或氧化作用积聚大量热量，使物质达到自燃点而自行燃烧发生火灾。

5.3 校园火灾事故的预防

5.3.1 火灾预防总体原则

（1）清醒认识公共场所（如教学楼、宿舍、图书馆、食堂等）的火灾危险性，时刻提防。

（2）严格遵守公共场所的防火规定，摒弃一些不利于防火的行为。

（3）进入公共场所时，要观察了解所处场所的情况，熟悉建筑物紧急出口和消防逃生路线。

（4）善于及时发现初起火灾，做出准确判断，能及时扑救的要及时扑救，形成蔓延的要立即疏散逃生。

（5）要具有见义智为、应急“第一响应人”的精神和专业知识，在确保自身安危的情况下能够及时帮助遭受伤害的人员迅速撤离、脱险。

5.3.2 电动自行车火灾的预防

电动自行车作为高校学生校内活动的重要交通工具，可能引发的电动车火灾问题严重威胁着校园安全。电动车充电多在夜晚，且部分车主未在规定的安全地点停放充电，导致意外发生的第一时间无人知晓，延误救火最佳时机。

（1）电动自行车火灾发生原因：

◆充电时间过长。

◆车辆故障引发自燃。

◆私接电线。

◆使用非标电池。

◆非法改装车辆。

（2）电动自行车火灾的预防：

◆合理控制充电时间。

◆勿在住宅内充电。

◆勿飞线充电。

◆勿使用电梯运载电动车。

◆勿将电动车停放在楼道。

◆勿盲目改装电动车电池配置。

◆勿购买和使用非标及超标电动车。

◆加强日常自查自检。

5.4 灭火的基本原理与方法

（1）冷却灭火（针对可燃物温度，冷却到燃点或闪点以下）。

（2）隔离灭火（针对可燃物与氧气火焰隔离）。

（3）窒息灭火（针对氧化剂，氧浓度低于 15%，水蒸气浓度达到 35%）。

（4）化学抑制灭火（针对链式反应自由基，速度快，扑救初起火灾）。

5.5 常见灭火器材的使用

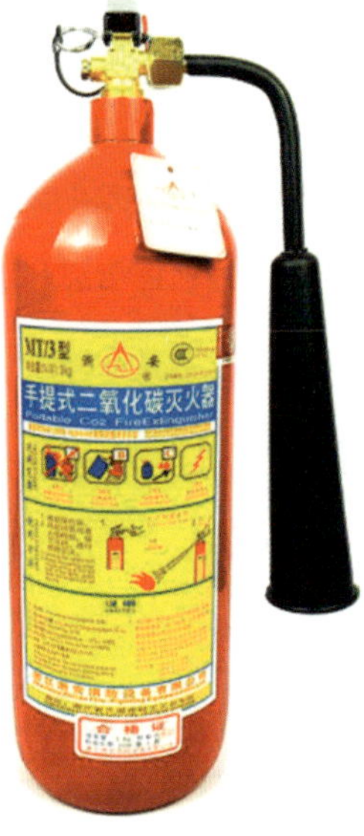

5.5.1 二氧化碳灭火器

适用范围：带电电器、贵重设备、图书资料、仪器仪表等场所初起火灾，以及一般的液体火灾；不适用扑救轻金属火灾、600V 以上的电气火灾。

使用方法：灭火时将灭火器的喷筒对准火源，打开启闭阀，液态的二氧化碳立即气化，并在高压作用下，迅速喷出。但应该注意二氧化碳是窒息性气体，对人体有害，在空气中二氧化碳含量达到 8.5%时，会呼吸困难，血压增高；二氧化碳含量达到 20%时，会呼吸衰弱，精神不振，严重的可能因窒息而死亡。因此，在空气不流通的火场使用二氧化碳灭火器后，必须及时通风。在灭火时，要连续喷射，防止余烬复燃，不可颠倒使用；二氧化碳是以液态存放在钢瓶内的，使用时液体迅速气化吸收周围环境的热量，可以冷却燃烧物质和冲淡燃烧区空气中的含氧量以达到灭火的效果。所以在使用时要戴上手套，动作要迅速，以防止冻伤。如在室外，则不能逆风使用。

5.5.2 干粉灭火器

适用范围：扑救石油及其产品、可燃气体、易燃液体、电器设备等的初起火灾，广泛用于工厂、船舶、油库等场所。不适宜扑救轻金属燃烧的火灾。

碳酸氢钠干粉灭火器适用于易燃、可燃液体和气体以及带电设备的初起火灾；磷酸铵盐干粉灭火器除可用于上述几类火灾外，还可用于扑救固体物质火灾。

使用方法：灭火时，先拔去保险销，一只手握住喷嘴，另一只手提起提环（或提把），按下压柄即可喷射。扑救地面油火时，要采取平射的姿势，左右摆动，由近及远，快速推进。使用前，先将筒体上下颠倒几次，使干粉松动，然后再按压喷粉，效果更佳。

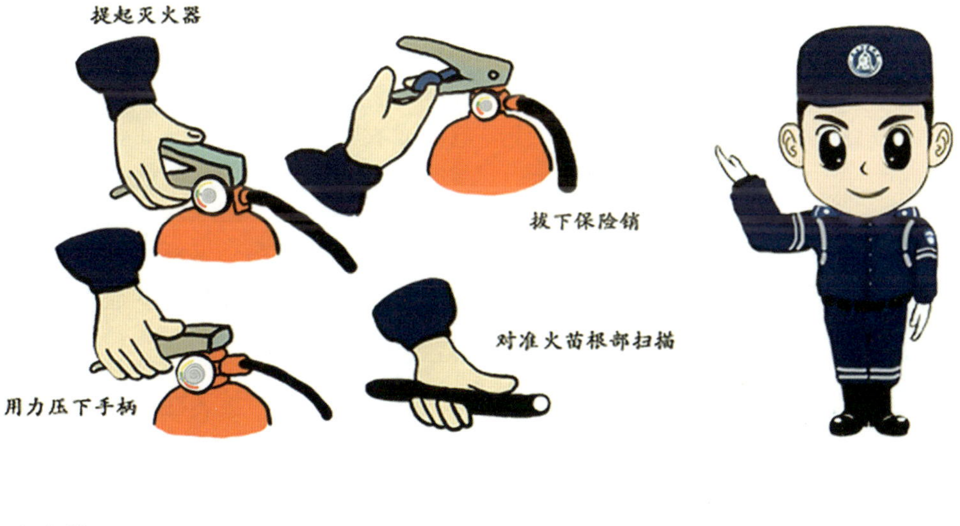

5.5.3 消火栓

使用方法：将水龙带接到消火栓的阀门上，把水龙带铺好，不要拧花，不要拐直角死弯，将消防水枪接到水龙带上，拧开消火栓的闸门，即可喷水灭火。

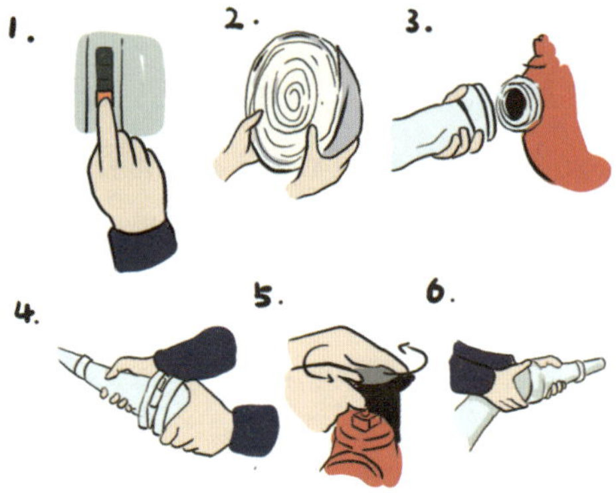

宿舍是大学生的重要生活场所，宿舍物品摆放应合理布局，避免占用通道、堵塞大门，以免对意外发生后的逃生自救造成阻碍。学生应提高安全意识，在日常生活中注意保证应急逃生路线通顺。宿舍应在专用地点除配备消防栓、灭火器等专用灭火设备之外，还应配备电筒及哨子，并培训学生掌握逃生救援设备的使用。

5.6 校园火灾的应急避险

5.6.1 逃生与自救互救

5.6.1.1 火场逃生方法

（1）如果身处火场，要保持冷静，迅速观察、判明火势情况，明确自己所处环境的危险程度，迅速查明疏散通道是否被烟火封堵，针对火情，做出正确判断，选择最佳的逃生路线和方法。

（2）若逃生必经路线充满烟雾，要用湿毛巾或衣物捂住脸部，防止或减少吸入有毒烟气，并采用低姿或匍匐前进。

（3）选择逃生路线时，应根据火势情况，优先选用最简便、最安全的通道。如楼层起火时，先选用安全疏散楼梯、室外疏散楼梯、普通楼梯等，如果这些通道已被烟火切断，再考虑利用楼顶窗口、阳台和落水管、避雷线等脱险。

（4）如果楼梯已着火，但火势不大，可用湿棉被、毯子等披裹在身上，从火中冲出去。此时不能犹豫不决，否则，火越烧越大，会失去逃生机会。

（5）如果楼梯烧断，可以通过房屋上的窗口、阳台、落水管或利用竹竿等逃生；一旦各种通道都被切断，火势较大，一时又无人救援，可以关闭通向着火区的门窗，退到未着火的房间，用湿棉被、毛毯、衣物等将门窗缝隙封堵，防止烟雾窜入。有条件时，要不断向门窗上泼水降温，延缓火势蔓延，等待救援。如果烟雾太浓，可用湿毛巾等捂住口鼻，并尽量避免大声呼叫，防止烟气中毒；火场上人声嘈杂，能见度差，叫喊时楼下的人不一定能听到，可以用打手电筒、抛出小东西等方法发出求救信号。

（6）如果正常通道被烟火切断，其他方法都无效，火势又逼近，也不要仓促跳楼，有可能的话，先在室内牢固的物体上拴上绳子，如无绳子也可将撕开的被单连接起来，然后顺着绳子或布条往下滑，转移到安全楼层或地面。其间必须保证安全系数，绳子或布条有足够的长度。

（7）如果时间来不及，低楼层人员需要跳楼逃生时，可先往地上抛扔一些棉被、床垫等柔软物品，以增加缓冲。注意，不要站在窗台上往下跳，可用手扒住窗台或阳台，身体下垂，自然落下，最好楼下有接应的人员。

（8）对被火包围的小孩、老人、病人要及时抢救，可用被子、毛毯等包扎好，再用绳子、布条等连接索吊，争取尽快脱险。

5.6.1.2 高层火灾逃生办法

（1）迅速从疏散楼梯逃生。高层建筑至少应设有两道以上的楼内逃生楼梯，人们可利用楼内楼梯进行疏散逃生，一道被堵就从另一道逃生。逃生时要尽可能关闭楼梯间的防火门，防止烟火侵入。也可利用消防电梯逃生，消防电梯拥有独立电源，一旦着火断电，消防电梯就会自动启动另一电源和电梯内用于逃生的设施，且维持24小时不断电。

（2）逃生尽量向下而不是向上。由于浓烟烈火向上蔓延的速度很快，人们逃生时要尽量向下跑。但如果火势很大，着火点以下楼层完全被封，无法向下逃生时，要考虑往上逃到较为安全的楼层（比如超高层建筑的避难层），等待救援。逃生时要用湿毛巾捂住口鼻、湿棉被裹身，弯腰低姿前进。

5.6.1.3 人体着火的处理办法

如果身上着火，应先把衣、帽脱掉，也可卧倒在地上打滚，压熄火苗，若有其他人在场，可用麻袋、毯子等包裹着火人，把火扑灭，或者向着火人身上浇水，或者帮助其将烧着的衣服撕下。不可用灭火器直接向人身上喷射。

如果身上火势较大，来不及脱衣服，旁边又没有其他人协助灭火，附近有水池、河流时，可直接跳入灭火（不会游泳、不懂水性的人不要这样做），减轻烧伤程度和面积。

5.6.2 校园火灾的组织扑救

5.6.2.1 组织扑救原则

◆救人第一和集中兵力于火场主要方面；

◆先控制火势、后消灭火灾；

◆先重点、后一般。

5.6.2.2 组织扑救程序

（1）先报警，并向周围人员发出火警信号。

（2）就地取材，立即使用火场及附近的灭火器具进行灭火，利用初起火灾的不稳定性，力争将火灾消灭在初起阶段。

（3）若有多名人员，应立即组织扑救分工，分头抢险。

（4）如有老弱病残人员和贵重物资，首先将其疏散到安全地带。

（5）如有火场指挥，一定要服从命令。

（6）不莽撞行事，要特别注意个人安全。

（7）消防人员一到，立即移交指挥权，并做好消防人员交办的各项工作。

火灾无情　预防先行

6 信息网络安全

据统计，刷单返利、“杀猪盘”、贷款及代办信用卡、冒充电商物流客服等四种诈骗类型，分别位列 2021 年案发量的前四位，合计占比高达 73.9%，是诈骗分子最多使用的诈骗套路。

6.1 《中华人民共和国刑法》对网络犯罪的法律规定（摘录）

第二百八十七条之一　利用信息网络实施下列行为之一，情节严重的，处三年以下有期徒刑或者拘役，并处或者单处罚金：

（1）设立用于实施诈骗、传授犯罪方法、制作或者销售违禁物品、管制物品等违法犯罪活动的网站、通讯群组的；

（2）发布有关制作或者销售毒品、枪支、淫秽物品等违禁物品、管制物品或者其他违法犯罪信息的；

（3）为实施诈骗等违法犯罪活动发布信息的。

第二百八十七条之二　明知他人利用信息网络实施犯罪，为其犯罪提供互联网接入、服务器托管、网络存储、通讯传输等技术支持，或者提供广告推广、支付结算等帮助，情节严重的，处三年以下有期徒刑或者拘役，并处或者单处罚金。

第二百九十一条之一第二款　编造虚假的险情、疫情、灾情、警情，在信息网络或者其他媒体上传播，或者明知是上述虚假信息，故意在信息网络或者其他媒体上传播，严重扰乱社会秩序的，处三年以下有期徒刑、拘役或者管制；造成

严重后果的，处三年以上七年以下有期徒刑。

6.2 大学生网络被骗的主要形式

6.2.1 网络安全意识缺乏型

（1）网络“杀猪盘”。在网络聊天时被合伙设计的某种圈套（主动帮助解决困难，倾情诉说）引诱上钩，连环欺诈。“杀猪盘”始于恋爱，热于投资，终于诈骗。

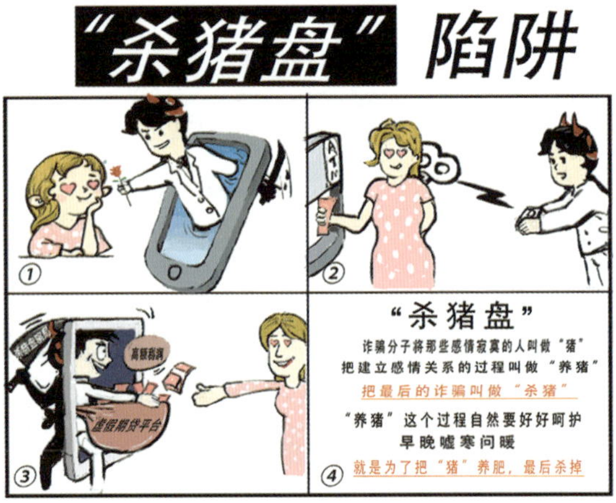

（2）登录非正规网站，被“钓鱼网站”（假机票、假旅游）系列诈骗，丢失钱财；谨慎参与不明二维码扫码赠送礼品、有惊喜等宣传活动。

（3）大学生工作求职，被非校方或非官方提供的“假”知名组织（公司）网络招聘套路诈骗，造成押金、报名费、培训费等钱财损失。

（4）个人（手机）银行等资金账户和密码设置过于简单或保管不慎被盗用。

（5）偏信冒充银行、司法工作人员来电或短信等电信套路系列诈骗。如来电称你的电话卡实名制出现异常，请按语音（短信）提示进行个人信息认证，并重新输入密码确认等。

（6）盲目相信学费减免、奖励，购物退税、退费、回馈中奖短信、抽样调查、抽奖获奖等诈骗信息，向所谓的虚假账户提供本人银行信息，先行汇入保证金，最终被骗。

（7）被虚拟电话、假短信和虚假模仿场景欺骗。如谎称某家人或同学遭遇车祸、摔伤，手术押金不够，求助转账；或曾经路遇的自称是“老乡”的人突然造访，以钱财被盗或车祸为由，见面借钱，钱到手人就消失。

（8）被伪造病历的“爱心筹款”诈骗。

6.2.2 消费攀比型

（1）有钱且张扬，无钱且攀比。因个人超前生活消费，违法参与网络传销，或盲目使用非法集资、融资、信用卡透支消费等来源的资金。

（2）借款消费，被非法“校园贷、美丽贷、裸贷”等高利贷利滚利长期困扰，荒废学业。

6.3 大学生参与网络违法活动的主要形式

金钱的诱惑和网络法律意识的淡漠，使得个别学生直接或间接参与了网络违法犯罪活动，为欺诈团伙提供相关犯罪资源，如制售外挂、受害人信息、软件、硬件资源等。大学生参与网络违法活动的主要形式有：

（1）通过网络制作、买卖（伪造）学生各类证件及票据。

（2）低价出售假商品（充值卡等）骗取金钱。

（3）参与网络色情（裸聊）。

（4）参与违法网络偷窥（偷拍），甚至非法获利。

（5）参与网络赌博。

（6）参与窃取国家秘密、金融投机、剽窃软件、偷漏税款、发布虚假信息、入侵网络等网络犯罪活动。

（7）利用微信、QQ 等网络媒体散布错误言论。

（8）间接参与欺诈犯罪，如为欺诈团伙提供租售微信号、加好友拉群、当托，帮助欺诈违规的账号辅助解封。

6.4 常用信息网络安全处置方法

保证个人网络安全最重要的是提升网络安全意识。网络安全防范，防的不是别人，要防的其实是自己，少一些好奇，少一些无知，少一些贪欲，这才是最好的防范。严格遵守《中华人民共和国网络安全法》《中华人民共和国数据安全法》等相关法律法规。

6.4.1 网络安全的事先防范

网络被攻击的常用手段主要有两种：一种是通过邮件植入“木马”程序，一种是软件下载过程中的“插件”植入。网络被窃取和破坏、截收信息、非法访问，主要是利用 TCP/IP 协议上的某些不安全因素、恶意病毒和其他网络攻击方式来实现。网络安全防范可以参考以下方法：

（1）安装计算机（手机）防火墙软件。

（2）利用杀毒软件定期清理计算机（手机）。

（3）关闭移动存储自动运行、摄像自动启用功能。

（4）防止个人身份信息、登录密码泄露。

（5）只对确认了的用户给予相应的访问权限。

（6）在官网上下载正规软件，不运行来历不明的软件。

（7）不打开陌生邮件中的附件或各种“弹窗”。

6.4.2 信息网络安全事件的事中处置

（1）网络聊天。网络聊天涉及金钱往来时，要打电话核实对方的真实身份，谨防冒充。不要随便与陌生人视频聊天；家人昵称备注尽量不要使用亲人称谓；购物付款时，不要点击卖家另外发来的链接；发现亲朋的QQ被盗，及时修改密码，并通知其他亲友，谨防诈骗。特别留意和防范不相识的人表现出特别关心、主动介绍工作、主动介绍金融投资项目等举动。

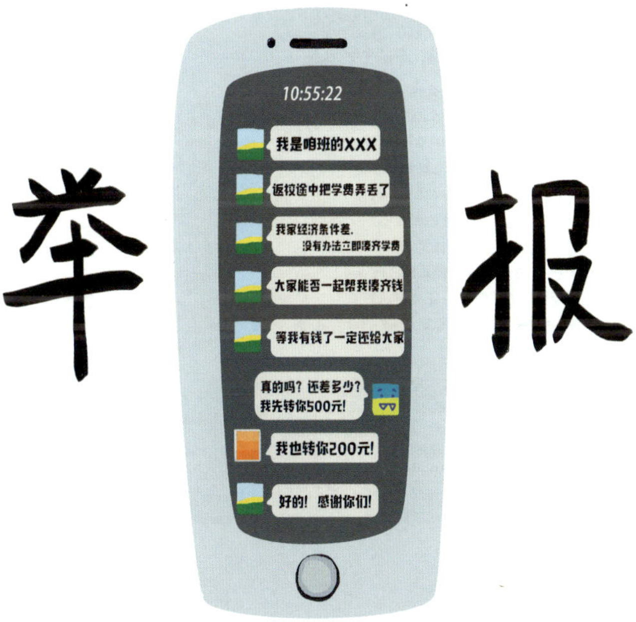

（2）微信账号安全的应急处置。微信账号异常或手机丢失时，要在第一时间登录微信安全中心（https://weixin110.qq.com/）或在微信安全中心公众号里按冻结微信账号提示步骤，进行应急处置，防止资金被盗。

扫一扫学习

网络安全知识

（3）严守个人资金，要求把钱打到所谓“安全”账户上的都是骗子。急需资金时，谨防有网络平台主动愿意垫付部分资金提供帮助的诈骗信息。

（4）不明文件及陌生电话防范。不接收不明文件，不打开来源不明，文件扩展名为.exe、.scr、.vbs的附件，也不要打开双扩展名的文件，如.txt.vbs；不要主动拨打短信中的陌生电话，对陌生电话的来访要谨慎判断。

下载国家反诈 APP

识诈请拨 96110

7 财产安全

近年来，几乎每个大学都有学生学费被骗或甚至被诈骗数十万元及以上财产的案例。校园内，自行车丢失被盗呈常态化，现金、饭卡、电脑、衣物、书包等个人财物丢失案例更是甚多，其主要原因是学生自身的财产安全防范意识淡薄，家庭财产安全教育缺失，学校对学生财产安全教育力度普遍欠缺。所以，加强大学生财产安全教育，提高防范意识，规避财产风险，保障学业安全，尤为重要。

7.1 诈骗、盗窃罪的认定及相关法律（摘录）

7.1.1 诈骗罪的认定及相关法律

诈骗罪，是指以非法占有为目的，用虚构事实或者隐瞒真相的方法，骗取款额较大的公私财物的行为。

《中华人民共和国刑法》的相关规定：诈骗公私财物，数额较大的，处三年以下有期徒刑、拘役或者管制，并处或者单处罚金；数额巨大或者有其他严重情节的，处三年以上十年以下有期徒刑，并处罚金；数额特别巨大或者有其他特别严重情节的，处十年以上有期徒刑或者无期徒刑，并处罚金或者没收财产。本法另有规定的，依照规定。

达到以上数额，又具有以下情节的，酌情从严惩处：

（1）通过发送短信、拨打电话或者利用互联网、广播电视、报纸杂志等发布虚假信息，对不特定多数人实施诈骗的。

（2）诈骗救灾、抢险、防汛、优抚、扶贫、移民、救济、医疗款物的。

（3）以赈灾募捐名义实施诈骗的。

（4）诈骗残疾人、老年人或者丧失劳动能力人的财物的。

（5）造成被害人自杀、精神失常或者其他严重后果的。

7.1.2 盗窃罪的认定及相关法律

盗窃罪是指以非法占有为目的，秘密窃取数额较大的公私财物或者多次秘密窃取公私财物的行为。凡是年满 16 周岁且具备刑事责任能力的人均能构成犯罪主体。犯罪主观要件是直接故意，且具有非法占有的目的。犯罪客体是公私财物的所有权。

《中华人民共和国刑法》第二百六十四条规定：盗窃公私财物，数额较大的，或者多次盗窃、入户盗窃、携带凶器盗窃、扒窃的，处三年以下有期徒刑、拘役或者管制，并处或者单处罚金；数额巨大或者有其他严重情节的，处三年以上十年以下有期徒刑，并处罚金；数额特别巨大或者有其他特别严重情节的，处十年以上有期徒刑或者无期徒刑，并处罚金或者没收财产。

《关于办理盗窃刑事案件适用法律若干问题的解释》第一条规定：盗窃公私财物价值一千元至三千元以上、三万元至十万元以上、三十万元至五十万元以上的，应当分别认定为刑法第二百六十四条规定的“数额较大”“数额巨大”“数额特别巨大”。第三条规定：二年内盗窃三次以上的，应当认定为“多次盗窃”。

7.1.3《关于经济犯罪案件追诉标准的规定》摘录

第四十一条　集资诈骗罪（刑法第 192 条）以非法占有为目的，使用诈骗方法非法集资，涉嫌下列情形之一的（个人集资诈骗，数额在十万元以上的），应予追诉。

第四十二条　贷款诈骗案（刑法第 193 条）以非法占有为目的，诈骗银行或者其他金融机构的贷款，数额在一万元以上的，应予追诉。

第四十三条　票据诈骗案（刑法第 194 条第 1 款）进行金融票据诈骗活动，涉嫌下列情形之一的（个人进行金融票据诈骗，数额在五千元以上的），应予追诉。

第四十四条　金融凭证诈骗案（刑法第 194 条第 2 款）使用伪造、变造的委托收款凭证、汇款凭证、银行存单等其他银行结算凭证进行诈骗活动，涉嫌下列情形之一的（个人进行金融凭证诈骗，数额在五千元以上的），应予追诉。

第四十五条　信用证诈骗案（刑法第 195 条）进行信用证诈骗活动，涉嫌下列情形之一的（使用伪造、变造的信用证或者附随的单据、文件的；使用作废的信用证的；骗取信用证的；以其他方法进行信用证诈骗活动的），应予追诉。

第四十六条　信用卡诈骗案（刑法第 196 条）进行信用卡诈骗活动，涉嫌下列情形之一的（使用伪造的信用卡，或者使用作废的信用卡，或者冒用他人信用卡，进行诈骗活动，数额在五千元以上的；恶意透支，数额在五千元以上的），应予追诉。

第四十七条　有价证券诈骗案（刑法第197条）使用伪造、变造的国库券或者国家发行的其他有价证券进行诈骗活动，数额在五千元以上的，应予追诉。

第四十八条　保险诈骗案（刑法第198条）进行保险诈骗活动，涉嫌下列情形之一的（个人保险诈骗，数额在一万元以上的），应予追诉。

7.2 校园诈骗案件的形式及防范

7.2.1 大学生钱财被诈骗的形式

（1）虚假类诈骗。虚假优惠商品链接诈骗；虚假客服电话诈骗；虚拟数字货币诈骗；虚假“二维码”诈骗。

（2）借贷诈骗。在同学间攀比生活追求享受，超前透支消费，参与违法“刷单返利”或网络筹集资金借贷，这些行为容易陷入网络借贷陷阱。导致后来被迫接受违法高额套路贷（美丽贷、裸贷等），同时泄露个人信息，长期身心受害，焦虑抑郁，终身悔恨。

（3）就业类诈骗。虚假招聘信息以优薪招聘在校大学生兼职从事家教、翻译，猎头公司选招优秀毕业生，国有企业招聘须报名考试等噱头，通过虚假网站骗取学生报名费、考试面试费、中介费、押金等。

虚假服务信息。违规提供英语包过级辅导、毕业论文代写代购、期刊论文包揽发表等虚假信息，并要求先行交纳保证金，然后玩“消失”。

虚假劳务合同。没有签订具有法律效力的合法有效劳务合同或缺失中介保障，导致打工或短期实习期间应有的劳动收入被变相剥削欺诈。

（4）熟人骗。所谓的老乡会对入学新生收会费，让新生请客送礼；介绍的对象假借

谈情说爱，实则消费购物，交友骗财；编造校友、老乡的家人患大病或家中突遇“天灾人祸”急需相助等各类虚假信息，利用网络平台骗取筹款。

（5）交友骗。通过网络结识谈恋爱，对方以试真情或过节为由索要金钱及礼物骗取钱财。

7.2.2 校园诈骗案件的防范

害人之心不可有，防人之心不可无。加强防范意识，提高自身是非分辨能力是防范校园财产诈骗的关键。慎结交，慎为人，慎言行，慎动财；不贪图小便宜，不急功近利，保持善良的初心与戒备心相结合，不爱慕虚荣，不感情用事；团结同学，尊重友谊，互相帮助，遵守法律法规，遵守校纪校规，这些都是防止诈骗的有效办法。

（1）“五不信”：未经核实不相信，积分中奖不相信，高额回报不相信，退税返利不相信，免费领取不相信。

（2）“五不露”：不透露身份证号码，不透露姓名住址，不透露银行卡号（支付账号收款的二维码）；不透露各种密码；不透露手机验证码。

（3）“五不转”：不向陌生账户转账，不向所谓的“安全账户”转账，不向有风险提示的账户转账，不向未经核实的二维码转账，不向让你先行缴纳保证金、手续费、税费等网贷公司转账。

（4）“五不做”：陌生电话不回拨，陌生链接不点击，陌生微信不添加，陌生平台不投资，陌生刷单不参与。

（5）“五慎接”：慎接“95”开头且超过五位数的电话，慎接 400 开头的电话（企事业虚拟电话），慎接 00 开头（国外打入）的电话，慎接没有来电显示（故意隐藏身份）的电话，慎接被手机软件标记为诈骗、骚扰的电话。

遇到 ATM 机出现取款不吐钞或发生系统故障时，不要离开设备，不要拨打设备旁边陌生电话号码；应在现场拨打银行官方客服电话（查询 114）进行求助，防止不法分子盗取银行卡信息；对于某地突然新增的 ATM 机，要判断其真伪。

7.3 校园盗窃的“套路”及防范

目前高校盗窃案件发生的特点为，流窜作案占 50%，大学生作案占 40%，借宿人员作案占 10%；流窜作案人员年龄及装扮与学生相仿，多以男性为主。

7.3.1 校园盗窃案件的类型

1. 内盗型

作案者多是学生和可以进入学校场所的一些人员。

（1）顺手牵羊。不撬门，不撬窗，乘人不备，将放在宿舍桌上、床上的钱财；阳台及走廊中的晾晒衣服；图书馆、教室、食堂、浴室桌柜上，操场及运动器械旁边的书包、手机、钥匙或者衣物直接偷窃。

（2）假装推销、找同学（老乡），敲门试探后直接推门进入室内，发现室内无人时快速行窃财物。

（3）盛夏季节，学生睡觉图凉快不关门，小偷趁机入室偷窃。

（4）电动车、自行车不习惯上锁，或车钥匙丢失后未能及时更换车锁；多人持有自配车钥匙；车辆没有存放在有监控的指定地点；贵重车辆没有安装报警器；车辆被强行破拆锁具后盗窃。

2. 外盗型

作案者多是临时就住学校周边小区，相对了解学校情况，混进学校，伺机作案。

（1）趁室内无人之际，通过暴力破门、撬门扭锁、插入卡片开锁入室等手段进入室内，大肆盗窃室内物品，往往被盗窃的物品较多。

（2）偷盗宿舍钥匙并尾随，趁室内无人时用钥匙直接开门行窃。

（3）趁室内无人或室内人员睡觉之际，用竹竿、木棍等工具在窗户外边，将室内的衣物等物品钩走。

7.3.2 校园盗窃案件的特征

（1）易发场所：学生宿舍、图书馆、食堂、操场、浴室等。

（2）易发时段：新生入学，学期开学及临近放假，毕业生离校，早晨六点到七点为晨练时间，上午第一、二节课，晚自习，晚上睡觉，食堂吃饭，操场锻炼，图书馆自习，奖学金发放时段。

（3）易盗物品：现金、身份证、银行卡、手表、手机、笔记本电脑、首饰、名牌服饰等物品。

7.3.3 校园盗窃案件的防范

（1）校园防盗，群策群防最为关键。每个大学生都要树立牢固的个人安全防盗意识，提高警惕，克服麻痹思想，既要防外贼，又要防内贼。发现陌生或可疑人，或在校园里看见有可疑的举动时，应主动询问：“请问，你是哪个学院的？”，或利用手机拍照备用。

（2）妥善保管好自己的手机、现金、银行卡等贵重物品等。

（3）随手关窗锁门。

（4）校园内上课、食堂就餐、操场活动、图书馆自习、浴室洗澡时，不要携带较多的现金和贵重物品。

（5）电动车、自行车要按规定停放在学校指定的地方并锁好车辆；贵重车辆更要加强对车辆的看管。

7.4 校园诈骗、盗窃案件的应急处置

7.4.1 校园发生诈骗案件后的应急处置

（1）发现被骗后，第一时间拨打 110、96110 电话报警或发送 12110 短信报警，配合公安机关和银行业金融机构（冻结涉案资金）工作。

如接到“96110”的来电，这说明你有可能正在遭受诈骗侵害，应提高警惕及时终止资金支付交易。

接收到12381涉诈预警劝阻短信，说明你有可能正遭受网络诈骗侵害，应提高警惕及时终止支付交易。

（2）电话报警后，需尽快前往最近的派出所做详细笔录，以便警方进一步开展侦查。

（3）查询对方账户是哪家银行的，通过网银、电话银行、ATM 机等对诈骗用的银行卡采用输错多次错误密码（一般为3～5次）、口头挂失等方式阻断诈骗分子取款。部分银行卡锁定为暂时的，自动解锁时间一般为24小时后或次日。

（4）如微信或支付宝账号、密码被骗，应立即登录微信及支付宝账户，按程序步骤迅速冻结账户，以防被诈骗分子利用（诈骗他人）。

（5）手机丢失后，及时拨打电话联系，确认遗失后，立即前往营业厅办理手机卡挂失，及时更改本人 QQ、微信、支付宝登录及支付密码。如果手机已中木马病毒，哪怕没有资金损失也要及时刷机，并且更改相关密码。

7.4.2 校园发生盗窃案件后的应急处置

（1）发生盗窃案件后，第一时间拨打110电话报警。报警时头脑清晰，迅速讲清案件发生的时间、地点、丢失物品名称、数量及特征（记号），以及发现或想到的可疑人员及可疑现象。

（2）宿舍发生门窗被撬损坏，发现被盗，或进入室内发现个人丢失钱财及贵重物品时，保护现场，不要急于触摸室内外其他物品，有利于警察现场提取盗窃痕迹和案件侦破。

防偷防盗防贪心
群策群防保平安

8 大学实验室安全与应急

大学实验室是高校进行人才培养、科学研究和社会服务的重要场所，其安全性与师生的人身安全密切相关。近年来大学实验室发生多起各类安全隐患事故，引发社会及师生关注，实验室安全已经成为高校安全防范工作的重点之一。

2021 年 3 月 31 日，中国科学院化学研究所某实验室由于反应釜高温高压导致爆炸，造成学生当场死亡。2021 年 7 月 27 日，中山大学药学院实验室在清理毕业生遗留在烧瓶内的未知白色固体时，一名博士生用水冲洗过程中发生炸裂，飞溅的玻璃碎片刺穿该生手臂动脉血管，造成伤害。2021 年 10 月 24 日，南京航空航天大学将军路校区材料化学实验室发生爆燃事故，原因或与镁铝粉等活泼金属粉末爆燃有关，该事故共造成 2 人死亡，9 人受伤。

事故历历在目，警钟长鸣于心。这些案例足以使大家认识到，实验室既是大学生不可缺失的学习场所，也是学校内部高度危险场所，每一位进入实验室的师生，都应该把安全放在第一位。实验室安全不能只依靠实验室管理来保障，更需要依靠全体同学的共同安全参与。

8.1 大学实验室的基本安全规范

8.1.1 实验开始前的准备

（1）进入实验室前应认真参加实验室安全培训，内容包括：实验室安全管理规定，实验室安全标识和应急电话，人员防护装备的取得和使用方法，应急装备的地点和使用方法等。

（2）开始实验前，应熟悉实验程序和设备的使用，明确各实验阶段的风险点和防护预案，熟悉水、电、气源的控制开关位置，了解所用试剂或设备的特性、防护措施以及应急措施。

8.1.2 实验过程中的注意事项

（1）实验中不得脱岗，进行危险实验时须有 2 人同时在场。

（2）实验中碰到疑问及时请教老师或其他专家，不得擅自盲目操作。

（3）保持实验室整洁和地面干燥，及时清理废旧物品，保持实验室通道通畅，便于开、关电源及防护用品、消防器材等的取用。

（4）禁止在实验室内追逐、打闹、吸烟、进食、喝水、睡觉、燃烧蚊香，放置与实验无关的物品。

（5）接触危险品时必须穿工作服，戴防护镜，穿不露脚趾的鞋，长发必须束起。

（6）实验室发现安全隐患或发生事故时，应及时采取措施并报告实验室负责人。

（7）仪器设备不得开机过夜，如确有需要，必须采取必要的预防措施。特别要注意空调、电脑、饮水机等也不得开机过夜。

（8）实验结束后，应及时清理；临时离开实验室，应随手锁门；最后离开实验室，应关闭水、电、气、门窗等。

8.2 大学实验室常见安全隐患

8.2.1 危险化学品泄漏、中毒

危险化学品泄漏、中毒事故多发生在化学类实验室。实验室危险化学品按其危险特性分为八类：爆炸品、压缩气体和液化气体、易燃液体、自燃物品和遇湿易燃物品、氧化剂和有机过氧化物、有毒品、腐蚀品、放射物品。

常见危险化学品包括强酸、强碱、卤素气体、二氧化硫气体、硫化氢气体、硝酸银、硫酸铜、甲醇、乙醇、烃类化合物、酚类化合物等。

引起危险化学品泄漏、中毒的原因主要有：

（1）使用有毒试剂时，疏于防护或违规操作造成急性或慢性中毒。

（2）将食物带入实验室，造成食物污染，误食中毒。

（3）设备老化、故障及违规操作导致有毒物质泄漏。

（4）实验室排风不利，引发有毒气体中毒。

（5）环保观念淡薄，随意排放实验废液、废气及固体废弃物造成环境污染、人畜中毒等。

8.2.2 火灾事故

大学实验室火灾事故中主要的火灾类型有以下几种：

（1）电气火灾。电气火灾占实验室火灾的大多数。引起电气火灾的主要原因有：忘记关闭电源，致使设备或用电器具通电时间过长，温度过高，引起着火；供电线路老化、超负荷运行，导致线路发热，引起着火。

（2）化学品火灾。诸多化学品易燃易爆，一旦发生火灾，火势迅猛，难以控制，危害极大。引起化学品火灾的主要原因有：对易燃易爆物品实验操作不慎或保管不当，发生化学反应释放能量，从而引起着火。

（3）操作不慎或违规吸烟，使火源接触易燃物导致的火灾等。

8.2.3 爆炸事故

大学实验室中的爆炸性事故多发生在具有易燃易爆物品和压力容器的实验室。常见事故的直接原因如下：

（1）随意混合化学药品。氧化剂和还原剂的混合物在受热、摩擦或撞击时会发生爆炸。

（2）使用易燃易爆气体时，相关仪器未静电接地，操作过程中产生的静电火花引起爆炸。

（3）密闭体系中违规进行蒸馏、回流等加热操作。

（4）在加压或减压实验中使用不耐压的玻璃仪器。

（5）易燃易爆气体，如氢气、烃类气体（乙炔等）、煤气和有机蒸汽等，大量逸入空气，引起爆燃。

（6）违反设备、压力容器（如高压气瓶）操作规程而导致爆炸。

（7）一些本身容易爆炸的化合物，如硝酸盐类、硝酸酯类、三碘化氮、芳香族多硝基化合物、乙炔及其重金属盐、重氮盐、叠氮化物、有机过氧化物（如过氧乙醚和过氧酸）等，受热或被敲击时会发生爆炸。

（8）搬运钢瓶时不使用钢瓶车，而让气体钢瓶在地上滚动，或撞击钢瓶表头，或随意调换表头，或气体钢瓶减压阀失灵等不规范操作引发爆炸。

（9）在使用和制备易燃、易爆气体（如氢气、乙炔等）时，未在通风橱内进行，或在其附近使用明火。

（10）由火灾事故引发的仪器设备、药品的爆炸。

8.2.4 机械电气伤害

机械电气伤害事故多发生在有高速旋转或冲击运动的实验室，或有带电作业的实验室和一些有高温产生的实验室。其直接原因有：

（1）操作不当或缺少防护，造成挤压、甩脱和碰撞伤人。

（2）违反操作规程或因设备设施老化而存在故障和缺陷，造成漏电触电和电弧火花伤人。

（3）机器使用不当造成高温气体、液体对人的伤害。

8.2.5 辐射伤害

大学实验室常见的辐射仪器有强度型测量仪表、能谱分析仪表、数字图像处理仪表、核技术分析仪器等，如料位计、X 荧光分析仪、断层显像设备、X 射线衍射分析仪等等。

辐射的危害具有以下特点：

（1）短时间大剂量的辐射可导致人肌体病变。

（2）长时间小剂量的辐射有可能产生遗传效应。

（3）大量吸入放射性物质可能导致人体内脏病变。

（4）不论放射性物质通过何种途径进入人体，都会引起内照射。

8.3 大学实验室安全防护及应急装备

8.3.1 实验室个人防护装备

个人防护装备是实验室人员为防御物理、化学、生物等外界因素伤害所穿戴、配备和使用的各种防护装备的总称。个人防护装备主要分为八类：头部防护、呼吸器官防护、眼面部防护、听觉器官防护、手部防护、足部防护、躯干防护和坠落防护。所涉及的防护部位主要包括头、眼睛、面部、躯体、手、足、耳及呼吸道。大学实验室常见的个人防护装备包括护目镜、口罩、面罩、防毒面具、防护帽、手套、防护服、鞋套以及听力保护器等。

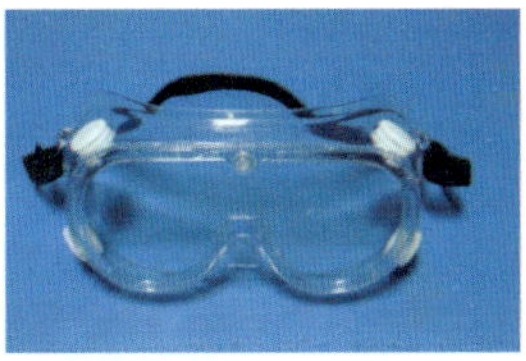

耐酸碱橡胶手套

一次性丁腈手套

普通防滑劳保手套

防割钢丝手套

耐低温防护手套

8.3.2 实验室通用防护装备

实验室通用防护装备的配置可以有效地保证在有安全事故出现时，能及时补救或减少对人员和设备的损害。主要的实验室通用防护装备有灭火器、洗眼器、紧急喷淋器、通风柜等。每个实验室均应设置急救箱，配备常用急救药品和材料，并按有效期及时更换。

实验室紧急喷淋洗眼器

通风柜

8.4 大学实验室常见安全事故的应急处置

8.4.1 实验室事故应急处理的基本原则

（1）预防为主，学习了解实验室事故应急预案，积极参加实验室事故应急处置演练，将各种实验室事故消灭在萌芽状态。

（2）及时汇报，控制事态。事故发生时，应及时报告现场指导教师及实验室管理人员，在保证自身安全的情况下尽快控制事故源，果断判断事故形势，适时拨打应急救援电话 119，严防事故进一步蔓延。

（3）尽早向医疗急救机构求援。遇有人员受伤害或有中毒状态时，及时送医院治疗或拨打 120 急救电话求救。

（4）及时疏散和撤离。遇有化学品泄漏、火灾、爆炸事故时，应立即组织楼内人员疏散和撤离。

8.4.2 化学品事故的应急处置

8.4.2.1 基本处理原则

实验室中危险化学品种类繁多，对不同的危险化学品应采用不同的应急处置措施。当危险化学品事故出现时，进行应急处置应遵循以下基本原则：

（1）快速反应、统一指挥、分级负责。

（2）先控制、后处置。

（3）先救人、后救物。

8.4.2.2 有害固体化学品泄漏应急处置

实验室中常见的有害固体化学品主要有活泼金属粉末（如镁粉、铝粉）、强氧化剂（如高锰酸钾）。如出现有害固体化学品泄漏事故，应按照以下步骤进行应急处置：

（1）首先查明泄漏物质的名称、泄漏位置以及泄漏原因；在确保个人安全防护的条件下，制止继续泄漏，避免事态扩大。

（2）在泄漏点周围不少于 1 米处设置围栏并悬挂警示标志，禁止无关人员进入。

（3）清理前，根据泄漏材料的性质、数量，穿戴好个人防护装备，至少应穿着实验室工作服，佩戴防护手套和护目镜。

（4）粉状材料应该用干毛巾覆盖以避免分散。腐蚀性物质应在收集之前进行中和，先从外沿清理，然后向中心清理。

（5）有气体生成的情况下，要在泄漏点周围进行有效通风，疏散无关人员。

（6）尽量用肥皂和水清洗物体表面残余化学药品。

8.4.2.3 有害液体化学品泄漏处置

实验室中常见的有害液体化学品包括易燃液体（如丙酮、乙醇等）、腐蚀性强酸（如浓盐酸、浓硫酸、浓硝酸等）。

有害液体化学品泄漏事故应按照以下步骤进行应急处置：

（1）首先查明泄漏的是何种液体，泄漏位置以及泄漏原因；在穿戴必要防护装备的条件下，堵塞住泄漏，防止事态扩大。

（2）在泄漏区域周边设置围栏并悬挂警示标志，禁止无关人员进入，疏散周围人员。

（3）清理前，根据泄漏液体性质、数量和空气中的蒸汽浓度，穿戴好个人防护装备，至少应穿戴实验室工作服、防护手套和护目镜；清理高毒性液体泄漏时，应佩戴防毒面罩、空气呼吸器；清理易燃易爆液体的泄漏，应穿着防静电防护服、防护鞋，切断电源，严禁火源；清理腐蚀性液体的泄漏，应穿着防酸服、鞋，佩戴防酸手套、面具。

（4）当泄漏量小时，可用合适的材料，如沙子、吸附材料、中和材料等对泄漏液体进行吸附中和；当泄漏量较大、难以清理时，应寻求专业人员帮助，并及时向有关领导和有关上级部门报告。

（5）如果有害液体通过下水道扩散，应立即通知楼下有关人员疏散，并在一定范围内设置围栏，由穿戴防护服装、配备防护装备的人员开窗通风和清理下水道。

8.4.2.4 有害气体化学品泄漏处置

实验室中常见的有害气体化学品包括易燃易爆气体（如氢气、乙炔等）、有毒气体（如氨气、氯气等）。如出现有害气体化学品泄漏事故，应按照以下步骤进行应急处置：

（1）首先关闭气源、制止继续泄漏，同时开窗通风或机械排风。如不能关闭气源，也应开窗通风或机械排风。

（2）在泄漏区域周边设置围栏，设置警示标志，禁止无关人员进入，疏散周围人员。

（3）做好个人防护，尽快查明泄漏的是何种气体、泄漏位置以及泄漏原因。

（4）处置高毒性气体泄漏时，应佩戴空气呼吸器；处置易燃易爆气体的泄漏，应穿着防静电防护服、防护鞋；处置腐蚀性气体的泄漏，应穿着防酸服、防酸手套、面具。

（5）当泄漏量较大、难以堵塞泄漏时，应及时报警、寻求专业人员帮助，并尽快向有关领导和上级有关部门报告。

8.4.2.5 化学品造成人身伤害事故的应急处理

（1）当眼睛接触到泄漏物时，应立即用水冲洗眼睛最少 15 分钟，并马上寻求医疗帮助。

（2）当误食化学药品时，应立即联系校医院急诊或立即去急诊就医。

（3）当皮肤接触到危险化学品时，如果可以，应该用水冲洗接触区域，并视情况脱去被污染的衣服；如果水洗后症状持续，应立即寻求医疗帮助。

8.4.3 实验室火灾事故的应急处置

实验室一旦发生了火灾，切不可惊慌失措，应保持镇静。首先立即切断室内一切火源和电源，再根据具体情况正确地进行抢救和灭火，一定要按实验室规定使用相应灭火器具。常见处理方法如下：

（1）地面或实验台面着火，若火势不大，可用湿抹布或砂土扑灭。若化学实验室反应器内着火，可用灭火毯或湿抹布盖住瓶口灭火。

（2）若有机溶剂和油脂类着火，火势小时，可用湿抹布或砂土扑灭，或撒上干燥的碳酸氢钠粉末灭火；火势大时，必须用二氧化碳灭火器、泡沫灭火器或四氯化碳灭火器灭火。绝对不能用水，否则会扩大燃烧面积。

（3）在可燃液体着火时，应立即拿开着火区域内的一切可燃物质，关闭通风器防止扩大燃烧；酒精及其他可溶于水的液体着火时，可用水灭火。

（4）金属钾、钠着火时，绝对不能用水、泡沫、二氧化碳、四氯化碳等灭火器灭火，可用干沙、石墨粉扑灭。

（5）电器设备线路着火时，不能用水及泡沫灭火器灭火以免触电，应先切断电源再用二氧化碳或四氯化碳灭火器灭火。

（6）衣服着火时，千万不要奔跑，应立即用石棉布或厚外衣盖熄，或者迅速脱下衣服，火势较大时，应卧地打滚以扑灭火焰。

（7）烘箱有异味或冒烟时，应迅速切断电源，使其慢慢降温，并备好灭火器，切莫急于打开烘箱门，以免突然进入空气助燃（爆），引起火势扩大。

8.4.4 实验室爆炸事故的应急处理

爆炸的毁坏力极大，危害十分严重，瞬间殃及人身安全，必须引起思想上足够的重视。为预防爆炸事故发生，必须遵守以下几点：

（1）凡是有爆炸危险的实验，必须遵守实验教材中的指导，并应安排在专门防爆设施（或通风柜）中进行。

（2）高压实验必须在远离人群的实验室中进行。在做高压、减压实验时，应使用防护屏或防爆面罩。

（3）绝不允许随意混合各种化学药品，例如高锰酸钾和甘油。

（4）在点燃氢气、一氧化碳等易燃气体之前，必须先检查并确保纯度。银氨溶液不能留存。某些强氧化剂（如氯酸钾、硝酸钾、高锰酸钾等）或其混合物不能研磨，否则会发生爆炸。

（5）钾、钠应保存在煤油中，而磷可保存在水中，取用时用镊子。一些易燃的有机溶剂，要远离明火，用后立即盖好瓶塞。

一旦爆炸事故发生，应按照以下步骤进行应急处置：

（1）首先将受伤人员撤离现场，利用现场自有救援器材组织自救，并根据现场具体情况，立即切断电源、水源，关闭可燃气体。

（2）同时立即打电话向 120、119 或 110 请求救援；在请求救援时，应将着火（爆炸）单位、地点、燃烧（爆炸）物质和数量、伤亡人数等告知。

（3）请求救援后，可在确保自身安全的前提下，迅速清理现场，转移疏散燃油及一切易燃易爆物品，以防引发其他着火中毒等事故。

（4）如已引发其他次生事故，则按相应办法处置。

8.4.5 机械伤人事故的应急处置

机械伤人事故一般发生在机械实验室。机床、刨床等高旋转、高重力、高冲击力的器械，操作稍有不当，就会使人受伤，引发安全事故。发生机械伤人事故后现场应急处置应遵循以下原则：

（1）立即停止机械运行。一旦发现机械伤人事故后，需在第一时间停止机械运行，切不可在未关闭机械操作情况下强行拉扯伤者，以免进一步加重损伤。

（2）止血。局部加压包扎是最简便有效的止血方法，但绷带不宜包扎过紧，以免影响供血导致肢体缺血坏死；大血管出血，加压包扎不能止血时，可采用止血带止血。最好使用充气止血带，紧急情况下可以使用布条、绷带等代替，止血带应扎在伤口的近心端。

（3）包扎固定。创面可用清洁布类或无菌敷料予以包扎，保持创面清洁，避免再污染。创口内不要涂药水或消炎药物，尤其是有色药水，以免影响创面损伤程度判断。疑有骨折者，应妥善固定，可就地取材，采用木板、硬纸板等固定，固定时不宜绑扎过紧，并注意露出指（趾）端，以便判断末梢供血。

（4）断肢（指、趾）保存。若不慎导致四肢（指、趾）离断，需妥善保存，若断肢

（指、趾）被机器卷入，需将机器拆开取出断肢（指、趾），避免强行拉扯，损伤断肢（指、趾）完整性。

断肢（指、趾）保存方法，可根据受伤地点距离医院远近而定。若运送距离较近，可将断肢（指、趾）用无菌敷料或清洁布类包好，避免污染，随同伤者一起送往医院救治；若运送距离较远，可将无菌敷料或清洁布类包好的断肢（指、趾）放入塑料袋中，再放入密闭的容器内，容器外加冰块或冰袋保存，切不能让断肢（指、趾）与冰块直接接触，也不能用任何液体浸泡，以免断肢（指、趾）进一步损伤。

（5）及时送医院救治。断肢（指、趾）再植时限原则上越早越好，一般以 6~8 小时为限，若伤后及时妥善冷藏保管，可适当延长。

8.4.6 触电事故的应急处理

触电事故可发生在各种实验室，发生触电事故后，现场应急处置应遵循以下原则：

（1）迅速切断电源。可关闭电闸，用绝缘材料（如干燥的木棍）挑开或斩断电线。若上述方法无法实施，可用木头将触电者拨离触电处或用其他绝缘材料包裹患者将其拉离触电处，并拨打急救电话 120。救护者不要直接接触触电者，要做好自身绝缘防护，可在脚下放置干燥的木板、厚塑料板或穿绝缘靴等。若高压电触电，因附近电场效应会产生跨步电压，此时需离触电处至少 20 米，使用绝缘材料切断电源或使用长木棍将伤者脱离，若必须出入危险地带，需单脚着地跨步跳，不可双脚着地。

（2）密切观察伤者反应。若伤者呼吸微弱或停止、心脏停搏，须立即进行胸外心脏按压，直至患者呼吸脉搏恢复或专业救护人员到场，中途不可放弃。

（3）局部创面处理。电流通过人体会有入口和出口，入口处常炭化，损伤常较出口处重。在现场对创面进行处理主要是避免创面进一步污染，可用干净布或衣物覆盖，创面出血则可给予简单包扎止血。

事故历历在目　警钟长鸣于心

9 大学生实习实践安全

实习实践活动不仅可以帮助大学生更好地了解学业完成后进入社会的工作内容，也能帮助他们进一步了解现代社会与本专业相关的理论发展及先进技术的应用情况。但由于实习现场存在较多危险有害因素，加之多数学生缺乏现场实际工作经验和危险有害因素辨识能力及相关应急处置知识，因此在实习实践过程中存在一定的风险。提前了解、掌握部分专业实习过程可能存在的危险有害因素、突发事件类型以及典型突发事件的应急处置方法，对于保证学生人身安全有着十分重要的意义。

9.1 矿山实习安全

9.1.1 矿山实习主要内容

所谓读万卷书，行万里路，没有经过实践锻炼的理论永远是纸上谈兵。实践是成长的必修之路。通过实习，可以学习到课本上难以展现的知识，并对所学到的理论知识有更加深刻立体的认识。通过实习，可以了解整个矿井概况，矿区地质、地貌情况，明确矿山内部及周围矿井相应位置关系；可以了解工业广场主副井口、风井、洗选煤厂位置，明确煤矸运输及精选处理过程；可以了解采煤机、液压支架、无轨胶轮车等设备型号、种类和维修过程，以及矿区食堂、员工宿舍、活动中心等位置，从而对矿山有一个整体的认识。

实习如练兵，应变才能胜。
应变须应知，融会则贯通。
井型与人数，地质与地貌。
洗选矸石山，主副风三井。
区队与科室，机修设备型。
食堂与澡塘，宿舍与活动。
实习内容多，安全须先行。

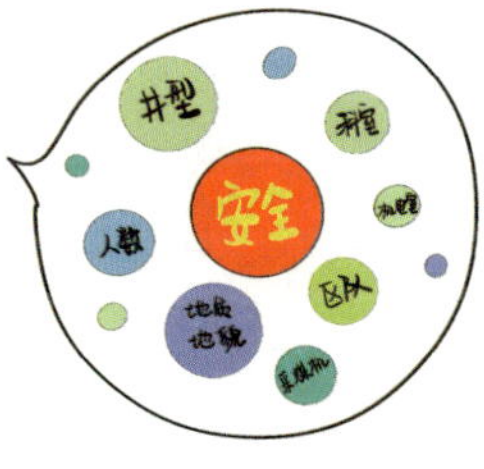

9.1.2 矿山地面实习应知应会

矿山是一个大型工作场地，虽然主要工作场地在井下，但是地面也存在诸多安全问题。例如培训演练、地面参观、体育运动、饮食中毒与住宿安全等问题都会影响每一位实习者的安全。

9.1.2.1 培训学习应急

实习前，在学校对学生参加实习进行安全知识教育培训，使学生了解前往实习单位的生产状况、专业特征、可能的危险源、可能存在的隐患，了解应急避险的相关知识；到达实习单位后，应当接受实习单位组织的安全生产和应急处置知识教育，在矿山实习，应当学会使用自救器。

所有实习老师与学生都应掌握应急救援预案内容，在事故发生时知道如何采取应急措施，并有针对性地就可能发生的事故情景进行演练。各带班老师与学生要积极参与训练，观看应急自救视频，掌握基础自救措施，熟悉自救、互救以及安全逃生技能。

9.1.2.2 地面参观应急

（1）应急医疗工具物品准备齐全，如发生磕伤、摔伤、急症等突发事件可以在第一时间采取相应措施进行应急救护，为治疗争取时间。

（2）伤情严重者应立即送往医院就诊，防止病情恶化；同时拨打 120 急救电话，请求医务人员帮忙。

（3）将现场情况、事件过程通知值班领导、干部，让其了解事故情况，以便第一时间做出指示或前往现场指挥处理。

（4）突发事情发生时，要保持冷静，听从指挥，按照预案，有序实施。

9.1.2.3 矿山行走安全

在井下行走时，注意不能触碰松动顶板、巷帮、不稳定支护、带电的架空线、正运行的机电设备，注意避让运行的机车，谨慎通过溜眼，上下山要防止坠落等安全隐患发生。

在露天矿行走时，注意避让不同于城市道路运行方向的超大型车辆、挖掘和其他运输设备，注意大面积爆破和边坡稳定等安全。

9.1.3 煤矿水灾事故与应急

我国煤矿水文地质条件复杂，约有 18%待开采煤炭储量受到较为严重的水害威胁。

煤矿水灾事故后果往往比较严重，会给国家和人民生命财产和经济造成重大损失。

9.1.3.1 矿井水源

人类居住的地球，水的分布范围很广，地球表面、地表大气和地下岩层都有不同形态的水存在。这些水体之间相互联系，彼此转换，形成自然界水的循环。

我国煤矿水灾事故的水源主要有地表水、地下水、大气降水以及老空水，每一种类型的水灾事故可能来自一种或几种不同的水源。

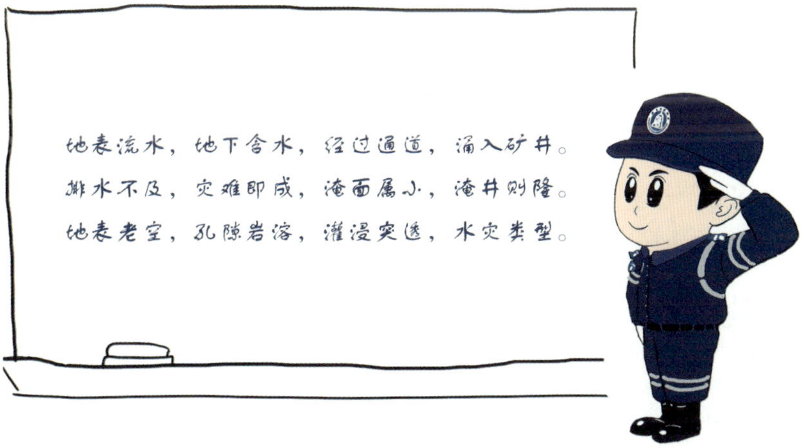

9.1.3.2 水灾事故预兆

引起煤矿水灾事故的自然因素主要包括两方面：水文地质条件以及当地的气候环境。

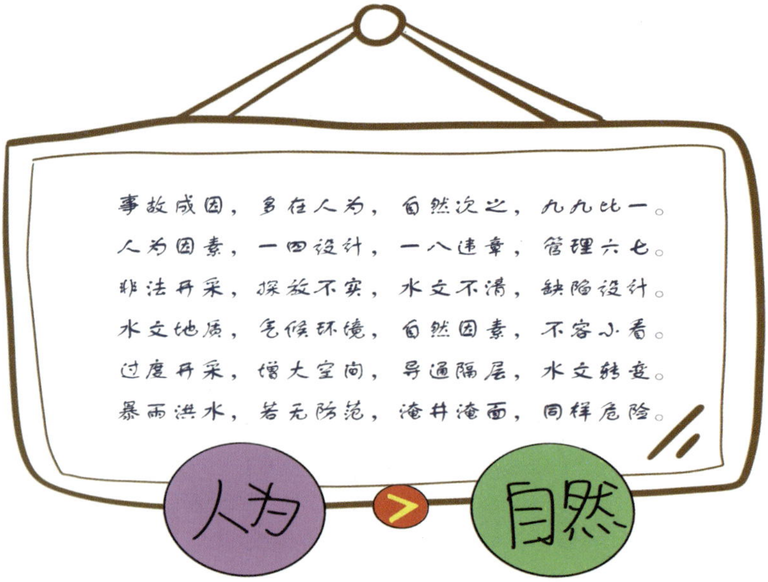

为及时采取有效的应急措施，入井人员（尤其是参加实习的学生）有必要熟悉矿井突水前的预兆：

（1）煤层发潮发暗。干燥光亮的煤，由于水的渗入而变得潮湿暗淡，若挖去表面还是这样，说明附近有积水。

（2）当巷道壁或煤壁出现小水珠，又称“挂汗”，并带有空气变冷，发生淡淡的雾气时，表明采掘工作面已经接近积水区。

（3）当掘进巷道揭露出水区附近的密集裂隙时，水将被高压冲出裂隙，与煤壁、岩壁摩擦发出“嘶嘶”的水叫声，这是突水前的重要征兆。

（4）若渗出的水清净，表明距水源稍远；若渗水浑浊，表明已经接近水源，这是透水的危险征兆，应该立即发出警报，撤出所有受水威胁地点的人员。

（5）随着采掘工作面的推进，巷道内顶板淋水突然增大，这也是采掘工作面前方有积水区存在的征兆。

（6）煤壁“挂红”，酸度大，水味发涩，用手捻有滑腻感，这通常是接近老空水的征兆。

（7）巷道底板岩层变形鼓起，出现裂缝，或者底板鼓起后往上冒水，这是矿井突水前的一个重要征兆。

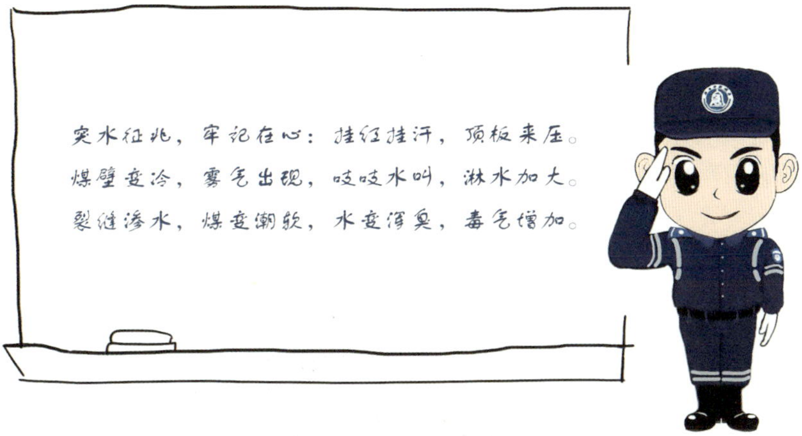

9.1.3.3 煤矿水灾应急

水灾应急总原则是，先避水头，再往高处走。水灾事故发生时，如果条件允许，入井人员应立即向地面调度室报告发水情况和发水地点。面对较凶猛的水流，入井人员应该首先选择躲避，就近躲避到硐室中或巷道的拐弯处。如果躲避不及，应及时抓牢巷道壁上的固定物（如锚杆头、锚网等），等水头过去以后再设法转移。待水流稳定以后，适时戴上自救器。

9.1.4 煤矿火灾事故与应急

矿井火灾破坏通风系统会使井下人员中毒，引起瓦斯和煤尘爆炸，烧毁设备和煤炭，在经济上造成巨大损失，直接影响矿井正常生产。

9.1.4.1 煤矿火灾类型及征兆

1. 外因火灾

外因火灾是外部高温热源（如爆破、明火等）引起可燃物质燃烧造成的火灾。这种火灾多发生在井口房、井筒、井底车场、石门及机电硐室和有机电设备的巷道等地点，具有火源明显、发生突然、来势凶猛等特点。

2. 内因火灾

内因火灾主要是由煤炭自燃引起的，多发生在采空区、通风不良的巷道及高冒区中。煤炭自燃的征兆主要有：

（1）巷道温度、湿度增高，有时出现雾气或巷道壁出汗等异常现象。

（2）巷道内出现类似松节油的气味。

（3）巷道流出的水的温度增高。

（4）人体有不舒适感，如头晕、气闷、精神疲乏、四肢无力等现象。

（5）通过气体检测，发现巷道空气中氧气浓度降低，出现一氧化碳气体并且浓度逐渐增高的现象。

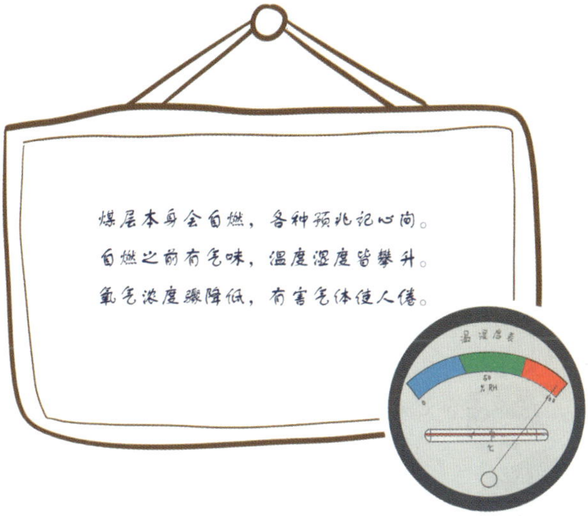

9.1.4.2 煤矿火灾事故应急基本原则

最先发现火灾的人员，必须保持镇静，除采取措施尽力灭火外，应立即向井口调度室报告，说明事故发生的地点、性质、范围等情况。

井下遇险人员要迎着新鲜风流方向选择安全避灾路线，有秩序地撤离危险区，同时注意风流方向的变化。如遇到有毒烟雾时，应立即戴上自救器，尽快通过附近风门进入新鲜风流中。

如确实无法撤退时，应进入避难硐室进行自救或等待救护。

若躲避处有压风管路，应打开阀门或切断管路，放出高压气维持呼吸。

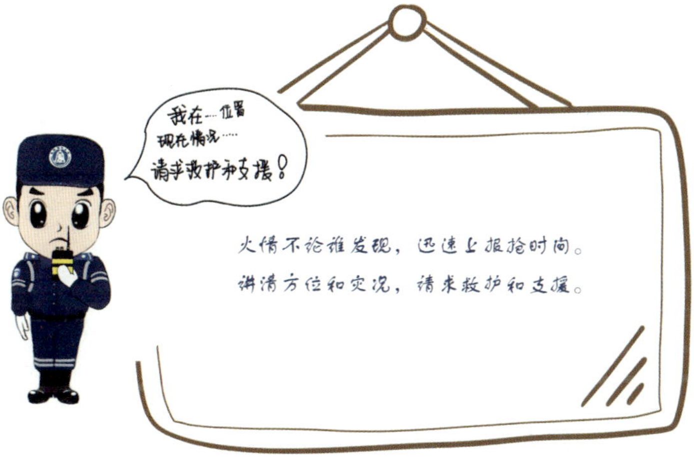

9.1.4.3 煤矿灭火基本常识

1. 判断火势

在发生火灾时，若火势不大，可直接组织身边人员用水、砂子、干粉、化学灭火器以及直接挖去火源等方法灭火。若火灾范围大或火势太猛，现场人员无力抢救、自身安全受到威胁时，应迅速戴好自救器撤离灾区。

2. 用水灭火

用水灭火应注意的安全事项：

（1）确保有不间断地供应充足水量。

（2）监测瓦斯与一氧化碳含量，并采用正常通风，排除水蒸气与火烟。

（3）灭火操作人员应站在进风侧，回风侧应设水幕或拆除一段可燃性支架，防止火势蔓延。

（4）只能从着火点的四周边沿向中心地带灭火，不能直接往中心地带喷水，因为高温产生的水蒸气气流会带来火焰的瞬间喷溅。

（5）扑灭油脂类火灾时，只能细水喷雾，把油与空气隔开，不能用射流，以防止油飞溅或飘浮于水面。

3. 电气火灾灭火

电气火灾灭火时要先断电，再用不导电器材灭火，以免漏电与杂散电流伤害。一可用砂子使燃烧与空气隔开；二可用干粉灭火器灭火；三可用二氧化碳灭火器灭火。

4. 预防有害气体

灭火过程要预防一氧化碳中毒，救灾人员必须在进风流中待命，不得随意进入回风烟流中。当人员撤离必须通过烟流带时，应佩戴自救器并在救护人员带领下迅速穿过。若无自救器，可用湿毛巾堵住嘴、鼻，减轻对人体的伤害。

9.1.5 煤矿瓦斯爆炸事故与应急

矿井瓦斯是指矿井中主要由煤层气构成的以甲烷为主的有害气体总称，有时单独指甲烷。主要成分有甲烷（CH_4）、重烃（C_nH_m）、氢（H_2）、二氧化碳（CO_2）、一氧化碳（CO）、二氧化氮（NO_2）、二氧化硫（SO_2）、硫化氢（H_2S）等。有时单独指甲烷。瓦斯具有易燃易爆性，也是煤矿生产过程中的安全隐患之一。

9.1.5.1 瓦斯爆炸条件

瓦斯爆炸主要与瓦斯浓度、氧气浓度、点火源等因素有关。

（1）瓦斯浓度。瓦斯浓度发生的浓度界限指的是瓦斯与空气的混合气体中瓦斯的体积浓度（%）。通常情况下，井下瓦斯爆炸的浓度范围为 5%～16%；当瓦斯浓度为 9%～9.5%时爆炸最猛烈。

（2）氧气浓度。矿井空气中氧气浓度一般在 20%～21%。瓦斯爆炸界限随氧气浓度的下降而缩小。当氧气浓度降低时，瓦斯爆炸下限缓慢地升高，而上限迅速下降。当氧气浓度低于 12%时，瓦斯与空气的混合气体就失去了爆炸性。瓦斯爆炸界限随氧气浓度的下降而缩小。当氧气浓度降低时，瓦斯爆炸下限缓慢地升高，而上限迅速下降。当氧气浓度低于 12%时，瓦斯与空气的混合气体就失去了爆炸性。

（3）点火源。点燃瓦斯所需的最低温度称为点燃温度，一般正常条件下在空气中的点燃温度为 650～750℃。

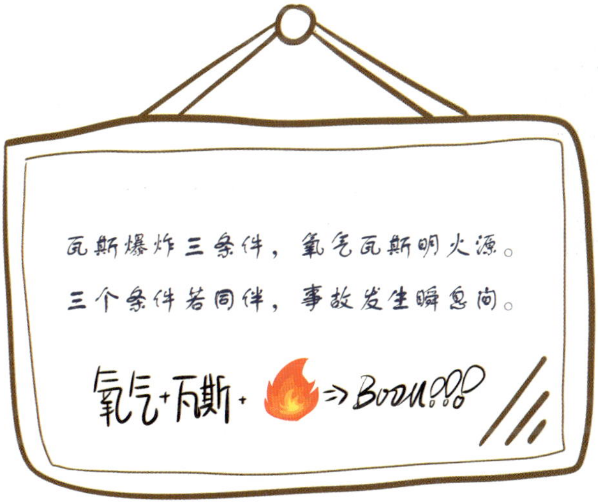

9.1.5.2 瓦斯事故预兆

1. 瓦斯爆炸征兆

发生瓦斯爆炸时，爆炸冲击波迅速蔓延，对迎面的风流流动产生干扰，在一定条件下可能出现迎面风流停滞、附近空气发生颤动以及耳鼓膜出现压力等现象。

井下人员一旦发现这种情况时，要沉着、冷静，立即采取防止爆炸伤害的措施。

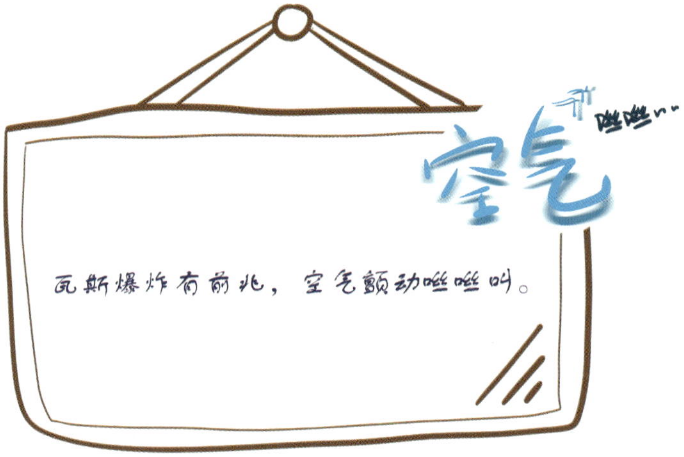

2. 煤与瓦斯突出预兆

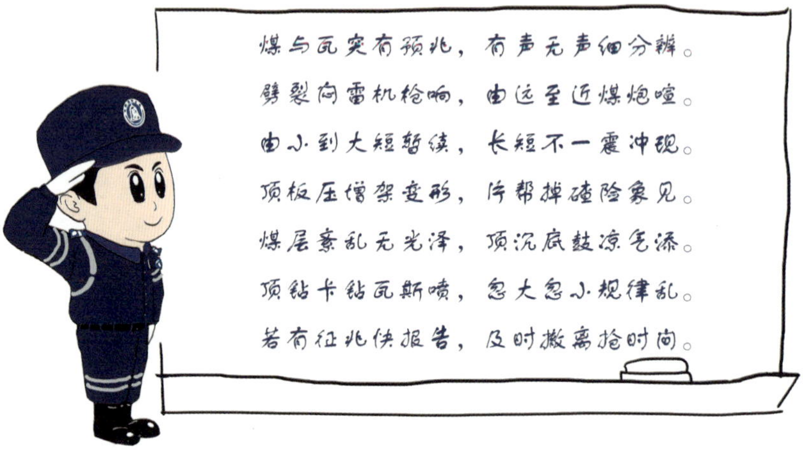

9.1.5.3 瓦斯爆炸事故的应急措施

在瓦斯爆炸波传播过程中，冲击波在前，提供传播能量的燃烧波在后，由于传播中能量的损耗以及热传导和大气稀释降温，燃烧波能量衰减较快，传播过程中燃烧波和冲击波间距逐渐加大。

1. 自救措施

根据瓦斯爆炸的征兆，当感到空气在震动时，立即背向空气震动方向，倒地俯卧，面部贴地，用湿毛巾或手捂住口、鼻，尽量屏住呼吸（特别是爆炸的瞬间），防止高温气流和有害气体吸入体内。俯卧时要用衣服等护住身体，避免烧伤或烫伤。

立即卧倒是为了放低身体高度，避开冲击波的强力冲击，减少危险。用衣物盖住身体是为了护好身体，避免烧伤。爆炸产生的高温火焰对皮肤的烧伤相当严重，但由于这种高温火焰是瞬间即逝，所以凡是被衣裤、手套、胶靴等遮盖保护的部位基本不会被烧伤。

爆炸过后，迅速佩戴好自救器，辨清方向，沿着避灾路线尽快撤离到新鲜风流中，迅速离开灾区或尽快躲到安全的地方。若因巷道严重破坏或其他原因无法撤退时，须就地取材构筑临时避难硐室，保存体力，等待救援。

2. 互救措施

对有害气体中毒轻者，应安放在新鲜风流中；对中毒窒息者，应立即进行人工心肺复苏。对创伤人员进行互救的基本原则：对昏迷的伤员，先复苏后搬运；对出血的伤员，先止血后搬运；对骨折的伤员，先固定后搬运；烧伤的伤员，先用大量清水持续冲洗，不要急于剪开衣物，防止创面污染，后搬运。

9.1.6 煤矿煤尘爆炸事故与应急

9.1.6.1 煤尘事故危害

煤尘是煤矿生产过程中所产生的各种矿物细微颗粒的总称。矿井生产中会产生煤尘，随着矿井开采强度日益加大和机械化的普及，煤尘危害也越来越大。煤尘不仅危害作业人员的身体健康，在达到一定浓度的时候，遇到明火还会发生剧烈爆炸，对煤矿的安全生产造成严重威胁。

9.1.6.2 煤尘事故发生条件及特征

1. 煤尘爆炸条件

煤炭本身是不会发生爆炸的，但进行井下作业时产生的煤尘在一定空间中达到一定浓度，遇到明火或者高温热源便有可能发生剧烈的化合反应，从而引起爆炸。煤尘爆炸需要满足以下条件：

（1）煤尘自身具有爆炸性，且在空气的浓度达到爆炸要求。

（2）氧气浓度不低于 18%。

（3）存在高温热源或明火。

2. 煤尘爆炸特征

煤尘爆炸具有破坏性大、持续时间长、高温、产生毒害气体以及发生二次爆炸等特征。

9.1.6.3 煤尘爆炸的应急措施

1. 自救措施

（1）听到爆炸时，应赶快张大口，并用湿毛巾捂住口鼻，用衣物盖住身体，避免爆炸造成的身体烧伤。

（2）煤尘爆炸后，立即戴好自救器，弄清方向，沿避灾路线，赶快撤退到新鲜风流中。回风侧人员要使用自救器，经最近的路线进入进风侧。

（3）若巷道破坏严重，不知撤退是否安全时，可以到支护完整的压风自救地点躲避等待救援，特殊情况下可利用就近的压风自救装置等待救援。

2. 矿井救援

（1）在场人员应及时准确判断事故的性质、发生地点、灾害程度等，迅速撤离灾区和受威胁区域，并报告调度室。

（2）对于附近的伤员，要协助其佩戴自救器，帮助撤离危险区或进入避难硐室。

9.1.7 煤矿顶板事故与应急

煤矿顶板事故是指在井下采掘过程中顶板意外垮落，造成人员伤亡、设备损毁和生产中断的事故。

9.1.7.1 顶板事故分类

煤矿顶板事故按冒顶范围可分为局部冒顶和大面积冒顶。

1. 局部冒顶

掘进工作面局部冒顶普遍发生在掘进工作面迎头处、巷道交叉点、未及时支护的空顶处；采煤工作面局部冒顶主要发生在煤壁处附近、工作面两端及地质构造发育明显处。

2. 大面积冒顶

大面积冒顶主要是由采掘产生的矿山压力活动引起顶板来压造成的顶板压垮、坚硬难冒落顶板大面积坍塌、金属网支护不足导致的破碎顶板大面积推垮、复合顶板岩性不一导致的大面积推垮、采掘作业控顶距处理不当导致的大型冒顶等。

9.1.7.2 顶板事故征兆

一般情况下，煤矿顶板事故均有征兆。具体有以下几种：

（1）片帮。冒顶前煤壁压力陡升，煤质变松软，碎煤掉落量比平时多。

（2）声响。当顶板岩层应力集中、变形、破断时，单体和钢梁等支护元件会产生变形并且发出嗞嗞的挤压声，严重时梁柱会发生折断。

（3）裂隙。向顶板裂隙处打入小木楔，过一段时间，如果木楔松动或掉落，说明裂隙加深加宽，顶板有冒落威胁。

（4）漏顶。在冒顶前，顶板岩石呈碎块或碎屑状冒落。

（5）离层。顶板即将冒落前，顶板会出现离层现象。当敲击顶板时，会发出空响。

9.1.7.3 顶板事故的应急措施

当发生冒顶事故时，只有正确掌握自救与互救方法，才能避免更大的伤亡事故，减少冒顶造成的损失。

（1）井下工作人员观测到冒顶征兆时，应快速撤离危险区，暂时撤退到安全地点。

（2）突发冒顶时，工作人员要立即靠岩帮或煤帮贴身站立，或到液压支架等强力遮挡物体下避险。

（3）冒顶结束时，受困人员可采用呼叫、敲打（但要注意敲打可能会引起二次冒顶，应视当时情况而定）等方法。遇险人员呼叫信号要有规律且连续，以便营救人员准确掌握其位置、人数、伤亡情况及采用有效的营救措施。

（4）遇险人员要积极配合营救人员，利用周围环境保护好自己，保存体力，保持镇定。被埋的人员不能剧烈运动挣扎，以免导致周围物体再次失去平衡倒塌，形成二次伤害。

（5）如果被大块岩石压住，可采用千斤顶等工具把岩块顶起，将人救出。

（6）遇险人员被堵在独头巷道时，应主动听从有经验的老员工指挥，减少体力消耗，有计划地使用饮水、食品与矿灯，静卧等待救援；若有电话，马上打电话向调度室说明情况请求求援。

（7）巷道内若有压风管，要打开压风管，输送新鲜空气，稀释有害气体的浓度，并注意保暖。

（8）等待救援期间，有条件情况下，应适时检查遇险区域气体如瓦斯、CO_2、氧气变化状况，矿灯熄灭时不能拆卸矿灯。

9.1.8 煤矿中毒窒息事故应急

引起中毒窒息的原因主要为爆破后产生的炮烟、其他有毒烟尘和气体（煤层溢出的甲烷、老采空区积存硫化氢均可能造成中毒窒息）。造成中毒窒息的主要原因是通风不畅和违章作业。此外，还有未按规定检测有毒有害气体浓度，当人员擅自进入采掘工作面、天井等作业场所时，导致中毒窒息事故发生。救援人员未携带个人防护用具，盲目施救引发伤亡扩大。

如实习现场发生中毒窒息事故，应采取以下措施：

（1）迎着新鲜风流选择安全避灾路线，有秩序迅速撤离危险区。

（2）立即报告相关负责人，并通知相关人员撤离。

（3）遇到有毒烟雾时，应立即戴上自救器并选择安全避灾路线撤离。

（4）若自救器失去功能，而巷道有压风自救系统，则立即打开压风阀门，维持自主呼吸，或用衣物等捂住口鼻迅速撤离。

（5）如无法撤离，应进入紧急避险设施并按照紧急避险设施的操作流程进行自救。

（6）禁止私自设置或破坏通风构筑物。

（7）禁止在未采取有效防护措施的情况下盲目施救

9.1.9 非煤矿山事故与应急

参照《非煤矿矿山企业安全生产许可证实施办法》《国家安全监管总局关于废止和修改非煤矿矿山领域九部规章的决定》等行政法规相关规定，非煤矿矿山包括金属非金属矿山企业及其尾矿库、地质勘探单位、采掘施工企业、石油天然气企业。

从事故类型分布看，非煤矿山事故主要包括透水、火灾、中毒窒息、爆炸、冒顶坍塌、边坡垮塌、尾矿库溃坝、井喷失控和硫化氢中毒等类型。鉴于透水、火灾、冒顶坍塌等事故类型与煤矿无根本区别，在此不再赘述，仅就中毒窒息、边坡垮塌、尾矿库溃坝、井喷失控等几类事故进行介绍。

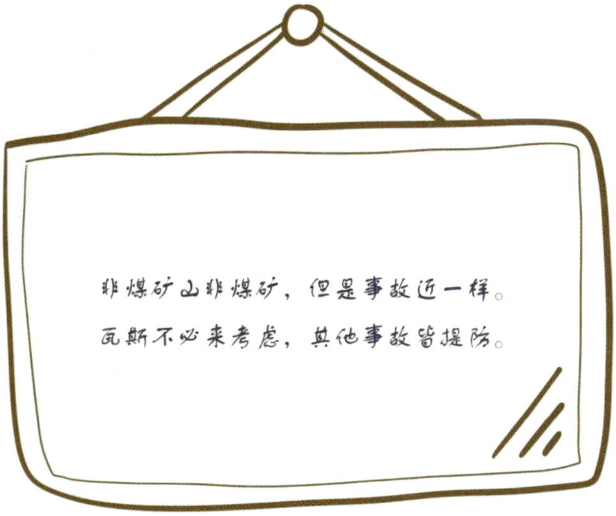

9.1.9.1 中毒窒息

对于中毒窒息事故的应急，非煤矿山与煤矿有其共性和异性，共性是均含有CO_2、高氮、CO、氮化物等有毒有害气体；异性是非煤矿山爆破炸药量大，爆破产生的炮烟量大。

根据非煤矿山生产工艺的特点，可采取上述与煤矿相类似的应急措施。

9.1.9.2 边坡垮塌（排土场）与尾矿库溃坝

据统计，露天矿山边坡垮塌事故仅次于中毒窒息事故，在露天矿山事故中排第一位。尾矿库是指由一个或多个尾矿坝堆筑拦截谷口或围地所构成的矿山生产设施，用以堆存矿石粉碎选别后所残余的有用成分含量低、当前经济技术条件下不宜进一步分选的固体废弃材料。

如实习现场发生边坡垮塌或尾矿库溃坝事故，应采取以下措施：

（1）有秩序迅速撤离危险区。

（2）立即报告相关负责人，并通知相关人员撤离。

（3）如无法撤离，应进入有较大遮挡物体处进行躲避。

（4）禁止在未采取有效防护措施的情况下盲目施救。

9.1.9.3 井喷失控和硫化氢中毒

在钻井作业中，井喷发生后因为压井不及时、压井操作不当、井控设备失效等原因，可能导致井喷失控事故的发生。井喷失控后，将使油气资源受到严重破坏，还易酿成火灾，造成人员伤亡、设备毁坏、油气井报废、自然环境受到污染等严重后果。特别是当井喷物质中含有高浓度的硫化氢等有毒气体时，后果将更为严重。

高含硫化氢气田生产作业场所发生突发事件，选择逃生时应遵从以下几个原则：

（1）风向决定方向。突发事件发生时，如果逃生者恰好位于泄漏点位置，或是恰好处在发生井喷失控事故的现场，那么最佳的逃生方向就是逆风奔跑。如此，无论风力和风速如何变化，只要逃生时间和速度足够，一般都能安全逃离现场。而且风力愈大，逃生效果愈佳。由于风向并非固定不变，逃生过程中随时可能发生变化，尤其是在山区、沙漠地区的变化更加频繁，逃生者应注意观察。

（2）地点决定方向。突发事件发生时，位于泄漏点或井喷地点周边地区的人，选择逃生方向的基本原则就是朝着背离事故现场的方向前进。假如逃生者恰恰位于下风方向，逃生时切忌采取顺风逃生，最佳逃生方向是风向的垂直方向。

（3）逃生路径便捷化。逃生路径便捷就是确保逃生者每行走一步，都是朝着远离泄漏点的方向，以提高应急逃生的效率。这就需要逃生者在逃生时，应尽量选择那些路径最短、路况最好、障碍物最少的路线。

（4）往高处走。由于硫化氢气体的密度高于空气密度，故在不考虑气象、风力等外来因素作用的情况下，硫化氢气体一般是贴近地表呈水平方向扩散。既然是“毒往低处漂”，那么逃生者就应该选择往高处走，如此才能最大限度地规避风险。

9.2 工贸实习安全

工贸行业包括冶金、有色、建材、机械、轻工、纺织、烟草、商贸等。

9.2.1 工贸实习现场的主要事故类型

参照《企业职工伤亡事故分类标准》（GB 6441—1986），工贸行业存在的事故类型主要包括以下几种。

9.2.1.1 粉尘爆炸事故

由于越来越多的金属或化工原料被应用在工贸行业，生产加工过程中产生的粉尘若没有得到很好处理，就存在发生爆炸的风险。

发生事故的直接原因主要是员工的不安全行为，没有按照规范去使用机械设备，或

者有的员工在作业现场使用明火（例如烟头、用电、切割等各类明火）。间接原因是组织管理体系不完善，没有建立完善的粉尘爆炸事故风险体系，各个部门的职责没有落实，安全教育培训工作不到位。

9.2.1.2 有限空间中毒窒息事故

有限空间是指封闭或部分封闭、未被设计为常规作业场所、自然通风或照明不良、易造成有毒有害、易燃易爆物质积聚或氧含量不足的空间。通常分为密闭半密闭设备、地下有限空间、地上有限空间三类，其中密闭半密闭设备是指船舱、贮罐、车载槽罐、反应塔（釜）、冷藏箱、压力容器、管道、烟道、锅炉等；地下有限空间是指地下管道、地下室、地下仓库、地下工程、暗沟、隧道、涵洞、地坑、废井、地窖、污水池（井）、化粪池、纸浆池（井）、下水道等；地上有限空间是指储藏室、酒糟池、发酵池（罐）、垃圾站、温室、冷库、粮仓、料仓等。

中毒窒息事故多发生在有限空间作业过程中，空间内氧气浓度低，硫化氢、一氧化碳、二氧化碳等有毒有害气体浓度可能很高，若作业人员进入前未进行通风和气体检测等工作，就可能发生中毒、窒息或燃烧、爆炸事故。此外，部分涉及危险化学品企业还存在吸入、食入或接触危险化学品及其反应物而导致的中毒窒息事故。

分析大量事故案例可知，发生中毒窒息事故的原因包括防护用品失效或未使用、设施强度不够、操作错误、设备有缺陷、通风不良、冒险进入危险场所、物体存放不当、有分散注意力行为等，其中个人防护用品失效或未使用是最主要原因。

此外，盲目施救和通风不良是导致中毒窒息事故最常见的原因。盲目施救容易使伤亡人数增多，通风不良使中毒事故更容易发生。

9.2.1.3 煤气中毒事故

工贸行业中毒事故除了发生于有限空间，生产车间、检修和维修作业场所等开放空间也存在中毒事故风险。煤气中毒通常指的是一氧化碳中毒，煤气泄漏导致空气中一氧化碳含量急剧升高，如果达到0.04%～0.06%以上，就可使人中毒。

发生事故的主要原因：贮存、输送煤气的设备或管道失检失修，缺乏定期维护和保养，性能下降，出现破损或泄漏；作业或施工现场缺乏煤气泄漏报警装置；作业人员安全意识淡薄，不遵守操作规程或者不佩戴安全防护设备；安全教育培训不到位，遇险人员缺乏自救互救知识和技能。

9.2.1.4 喷溅事故

在钢铁冶炼过程中，钢水和铁水是高温融熔液体，本身并不致喷溅或爆炸。冶炼过程主要是氧化过程中的矿渣之间的反应因反应速度、温度和气相压力等原因造成熔炉池内碳氧反应不均衡发展，瞬时产生大量的CO气体，很可能发生爆发性喷溅。熔渣氧化性过高，炉池温突然冷却后又升高的情况下，也有可能发生爆发性喷溅。

发生事故的主要原因是生产工艺设计上存在缺陷，企业的风险辨识不到位，未认真落实安全生产风险分级管控和隐患排查治理工作，安全防护不到位，未配备阻燃工作服，安全教育培训不到位，员工安全操作技能和辨别危险的能力严重不足。

9.2.1.5 气体火灾爆炸事故

可燃气体外泄容易与空气形成爆炸性混合气体，当遇到高温热源时可燃气体的泄漏就容易造成火灾或者爆炸事故。

发生事故的主要原因是设备的动静密封点泄漏、设备管道泄漏、水封因断水未加水跑气泄漏、设备管道阀门缺陷或断裂造成泄漏。此类事故大致是由于生产设备管理混乱，密封材料材质或检修不合要求，操作维护不当，在检修中未泄压却加外力，开停车不按操作规程进行等因素引起的。

9.2.2 工贸实习现场事故预防措施

在实习实践过程中，首先应认真参加实习单位组织的相关安全生产教育和培训，熟悉实习现场各类安全警示标志，严格按照要求穿戴个人防护器具，遵守作业单位制定的各项安全规章制度、操作规程，了解作业场所和工作岗位存在的危险因素、防范措施以及事故应急措施，最大限度地保护自身安全。

9.2.2.1 熟悉认知相关安全警告标识的含义

详见附录三。

9.2.2.2 合理选择安全防护用品

常见的安全防护用品包括安全帽、安全带、安全网、安全鞋、护手设备、护眼设备、护耳设备、防护面罩、防护服、口罩等。此外，在作业现场通常还有气体检测报警装置、呼吸器、充气泵、救援三脚架、防爆对讲机等。

（1）气体检测报警装置。气体检测报警装置是主要针对作业现场可能存在的有毒有害气体等能够危及作业人员人身安全的防护用品。进入可能存在上述环境的场所前，应充分辨识存在的风险隐患，配置便携式气体检测报警装置，在进入密闭空间之前，对环境进行检测（涉及有限空间的须在环境外检测）。

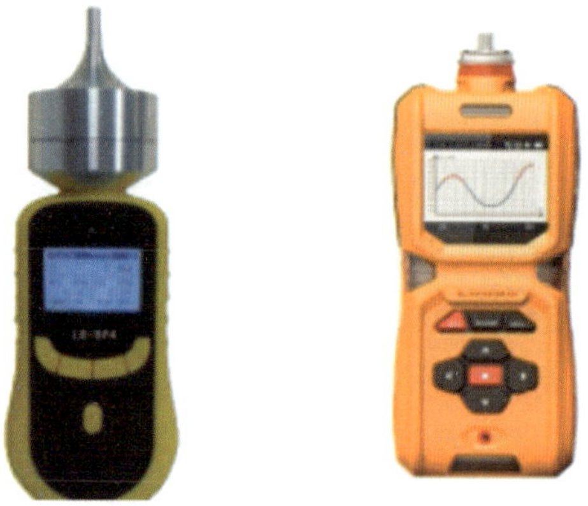

（2）呼吸器。当拿到呼吸器的时候，首先需要做一个简单的检查，确保所使用的呼吸器是正规可用的呼吸器。需要检查全面罩的几个关键部分，包括全面罩的镜片，全面罩的系带、正规呼吸器的环状密封程度是否完好，呼吸器的呼气阀和吸气阀是否完好。

（3）救援三脚架。它是一种采用高强度轻质合金制造的可伸缩支脚，适用于高处及有限空间作业（如各类储罐、容器、反应釜、烟道、粮食筒仓、污水井等），抢救被困人员和疏散贵重物资时使用。广泛应用于消防、市政、救援机构。

（4）防爆对讲机。防爆对讲机并非指自身能抵抗爆炸的对讲机，而是指可以在爆炸性气体环境下工作的对讲机。适用于环境恶劣、存在可燃气体或粉尘的环境，如石化、煤矿、化工、火电、食品加工等行业。

在使用时应注意不要在危险环境中更换电池和其他附件。因为拆装时产生的接触电火花会引起爆炸或火灾。即使是经过防爆检测机构认证的产品，在危险大气中使用时，也不可将附件连接器暴露在外。不需要使用附件连接器时，应当用防尘罩严密遮蔽。不要以任何方式自行拆卸经过防爆检测机构认证的产品。

9.3 化工实习安全

化工行业是利用化工原料，在高温、高压、催化剂等条件下，经过化学反应制成化工产品的行业，其生产设备主要为反应釜、搅拌机、压力管道、反应槽等。原材料大多数具有易燃、易爆、有毒、腐蚀等特性，易发生火灾、爆炸或中毒、烫伤、腐蚀等事故。

9.3.1 化工实习现场主要危险有害因素

参照《生产过程危险有害因素分类与代码》（GB/T 13861—2022）等标准规范，化工行业主要存在的危险有害因素包括有毒品（如氯气等）、腐蚀品（如盐酸、硫酸等）、爆炸品（如硝酸铵等）。

下面介绍几种常见有毒有害气体的理化特性。

（1）液氯，常温常压下为气态，黄绿色液体，有剧毒，相对密度（空气为 1）为 2.48。人吸入氯气后，氯气可与眼睛、呼吸道黏膜中的水分作用，对黏膜产生强烈的刺激和烧灼。

（2）硫化氢，无色、有典型的臭鸡蛋气味，比空气重。轻度中毒主要引起眼和上呼吸道刺激症状，此外，可有轻度的头昏、头痛、乏力等症状。重度中毒可出现烦躁、意识模糊、呕吐、腹痛和抽搐，迅速陷入昏迷状态，进而导致呼吸麻痹甚至死亡。

（3）液氨，相对密度（水为 1）0.82，易溶于水、乙醇、乙醚，无色、有刺激性恶臭的气体。侵入途径主要为吸入，低浓度氨对黏膜有刺激作用，高浓度可造成组织溶解坏死。

参照《企业职工伤亡事故分类标准》（GB 6441—1986）等标准规范，存在的主要事故类别有中毒窒息事故、化学灼伤事故等。

9.3.2 化工实习现场事故预防措施

在实习实践过程中，首先应认真参加实习单位组织的相关安全生产教育和培训，熟知实习现场可能存在的危险有害因素，严格按照实习单位要求穿戴个人防护器具，务必遵守作业单位制定的各项安全管理制度，最大限度地保护自身安全。

（1）熟悉认知相关安全警告标识的含义（附录三），并严格按照安全警告标识的要求落实现场安全管理要求。

（2）合理选择佩戴安全防护用具。个体防护用品是避免职业伤害的重要装备，在参观、实习过程中应根据可能接触到的职业危害因素或实习单位提出的要求正确佩戴使用劳动防护用品。

（3）进入可能存在有毒有害物质的作业场所前，应熟知场所内可能涉及物质的危险性理化数据、危险特性、泄漏处理及防火防爆措施的要求；熟悉装置区、储罐区等生产场所的安全逃生出口；严格按照防火防爆措施的要求检查自身着装、携带物品是否符合相关要求（如进入易燃易爆环境不应穿戴化纤类服装，不应携带易发火或打火的金属物品或工具）；掌握紧急淋洗装置（洗眼器和淋洗器）的使用方法；正确佩戴相关劳动安全防护用具（如防毒面具）；严格听从实习单位人员或实习教师指挥，不要随意触碰装置区、储罐区设备设施表面及配套仪表、阀门等控制装置，更不应在作业现场进食。

9.3.3 中毒窒息事故的应急处置

在参观实习过程中遇到有毒有害物质泄漏或闻到刺激性气味（如硫化氢气体带有明显的臭鸡蛋气味），或发现设置的有毒有害气体检测报警装置存在报警动作（一般来说有毒有害场所设置有声光报警装置）等情况时，应做好以下几点：

（1）切记不要惊慌，在佩戴好自身防护器材的前提下，观察装置区、储罐区设置的风向标识，听从现场人员指挥，迅速向上风向撤离。

（2）尽量用湿毛巾捂住口鼻，避免大量吸入有毒有害气体。

（3）结合有毒有害物质的理化特性选择适宜的位置避险。如遇氯气、硫化氢等密度大于空气的物质泄漏，应避免在低洼处停留。

（4）撤离过程中应注意场所内安装的设备管路、直梯和斜梯，避免出现绊倒、踩踏及磕碰等次生（衍生）事故。

（5）对于吸入中毒者，应在确保自身安全的前提下，迅速将中毒者转移出中毒现场，转移至上风向新鲜空气处。

（6）对于口服中毒者，应立即用催吐的方法使毒物吐出，催吐物质的选择可参照现场设置的安全告知卡或危险化学品安全技术说明书的相关内容。

（7）对于急性中毒者应立即送医院急救，并向院方提供中毒的原因、毒物名称等；若不能立即到达医院，可参照生产实习现场设置的有毒有害物质的 SDS（化学品安全技术说明书）或危险化学品安全告知卡的相关信息采取现场急救处理。

9.3.4 化学灼伤事故的应急处置

化学灼伤是指被酸、碱、盐、有机物引起的体内外的灼伤。实习现场如不慎沾染危险化学品，应立即离开现场，迅速脱去受污染的衣裤、鞋袜等，并用大量流动的清水冲洗创面 20 ~ 30 分钟（强烈的化学品要更长），以稀释有毒物质，防止继续损伤和通过伤口吸收。新鲜创面上不要涂抹油膏、红药水、紫药水，不要用脏布包裹。

对化学性眼灼伤，一定要迅速用流动的清水进行冲洗，冲洗时将眼皮掰开，把裹在眼皮内的化学品彻底冲洗干净。现场若无冲洗设备，可将头埋入清洁盆水中，掰开眼皮，让眼球来回转动进行洗涤。

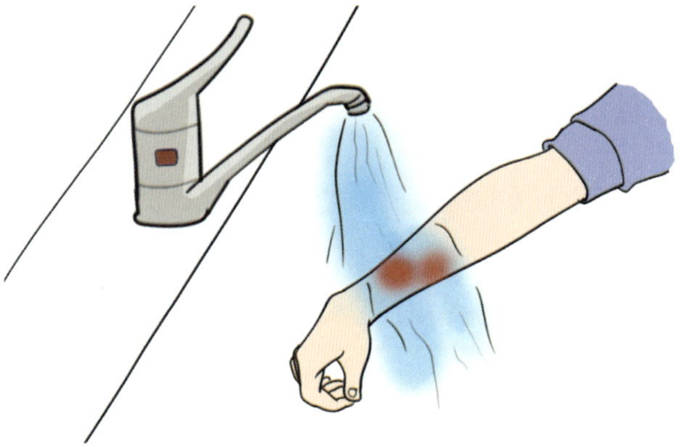

9.4 建筑实习安全

建筑行业是一个危险性较高的行业，包括房屋、道路、桥梁、隧道施工等，主要生产设备是塔吊、混凝土搅拌机、挖掘机、打桩机等。由于建筑施工大多为露天、高处作业，工作地点不固定，施工环境多变，作业条件较差，所以造成了该行业安全事故易发多发。

9.4.1 建筑实习现场主要危险有害因素

参照《生产过程危险有害因素分类与代码》(GB/T 13861—2022) 等标准规范，建筑业存在的主要危险有害因素包括物理性因素、化学性因素、心理和生理性危险有害因素。

9.4.1.1 物理性危险有害因素

(1) 噪声：工作环境中产生的噪声又称工业噪声，通常分为：机械性噪声、空气动力性噪声、电磁性噪声。长期接触高噪声又不佩戴防噪声耳塞（耳罩），会导致人失聪。

（2）振动：振动对人体的影响分为全身振动和局部振动。全身振动是由振动源（振动机械、车辆、活动的工作平台）通过身体的支持部位（足部和臀部），将振动沿下肢或躯干传布全身引起，以间接振动为主；局部振动是通过振动工具、振动机械或振动工件传向操作者的手和臂。

（3）光线：过亮、过暗、眩光及强烈光线，可导致眼睛疲劳、眼痛，甚至头疼、头晕。

（4）温度（高温）：通常在高温环境时，人体会出现一系列生理功能改变，这些变化在一定限度范围内是适应性反应，但超过范围，则会产生不良影响，甚至会引起病变。

9.4.1.2 化学性有害因素

与物理性因素相比，化学性因素能够更快速强烈地使身体健康受到伤害，建筑业人员接触到的化学有害因素通常有粉尘和烟雾。

在生产中，与生产过程有关而形成的粉尘、能够长时间飘浮在空气中的固体颗粒，称作生产性粉尘。生产性粉尘对人体有多方面的不良影响，尤其是含有游离二氧化硅的粉尘，能引起严重的职业病——矽肺病。另外，电焊产生的金属烟雾、电镀过程放出的酸雾等都对人体健康有很大危害。

9.4.1.3 心理和生理性有害因素

通常把心理和生理有害因素分为负荷超限（体力负荷超限、听力负荷超限、视力负荷超限、其他负荷超限）、健康状况异常、从事禁忌作业、心理异常（情绪异常、冒险心理、过度紧张、其他心理异常）、辨识功能缺陷（感知延迟、辨识错误、其他辨识功能缺陷）、其他心理和生理性有害因素。

9.4.2 建筑实习现场事故预防措施

建筑实习现场常见事故有高处坠落事故、触电事故、物体打击事故、机械伤害事故、坍塌事故等。针对上述事故，在实习实践过程中，首先应认真参加实习单位组织的相关安全生产培训，了解现场可能存在的危险有害因素，知悉生产实习现场各类安全标志的含义（附录三），严格按照要求穿戴个人防护器具，遵守作业单位制定的各项安全规章制度和操作规程，最大限度地保护自身安全。

常见的安全防护用品包括安全帽、安全带、安全网、安全鞋、护手设备、护眼设备、护耳设备、防护面罩、防护服、口罩等。其中，安全帽、安全带（绳）、安全网，通常被称为“安全三宝”，是防止物体打击、高处坠落等事故的有力武器。

（1）安全帽。它是用来保护头部，防止物体打击头部及自身头部意外撞击物体的个人防护用品。安全帽不应贮存在酸、碱、高温、日晒、潮湿等处所，更不可和硬物放在一起。

必须佩戴正规合格有安全标识的安全帽。安全帽必须有合格的帽衬、帽带，帽衬与帽壳不能紧贴，应有一定间隙，当有物料坠落到安全帽壳上时，帽衬可起到缓冲作用，避免颈椎受到伤害。进入施工现场，必须戴好安全帽并必须系好帽带。在工地内严禁摘掉安全帽、抛掷安全帽，或把安全帽用作支撑物。每次使用前必须检查安全帽是否出现裂痕或损坏，不得戴有安全隐患的安全帽进入施工现场。

（2）安全鞋。进入工作现场时必须按规定穿安全鞋，不可以穿拖鞋、高跟鞋进行施工，尤其是不可以进行高空作业。电工或进行有触电危险工作的人员，则必须穿着有绝缘鞋底的安全鞋。

（3）安全带。进行高空作业时，必须佩戴安全带，并把安全带牢牢地固定在合适的挂点上，要做到先挂牢后作业。安全带必须高挂低用，即安全带必须直接系于工作点上方的挂点，牵索必须尽量缩短。

（4）安全网。安全网用来防止人、物坠落，避免或减轻坠落及物体打击伤害，所以不得随意拆毁安全网，不得随意向网上乱抛杂物。

（5）护耳设备。身处高噪声工作环境时应使用耳罩，要确保护耳罩的软垫能罩住整个耳部，并能完全密封。

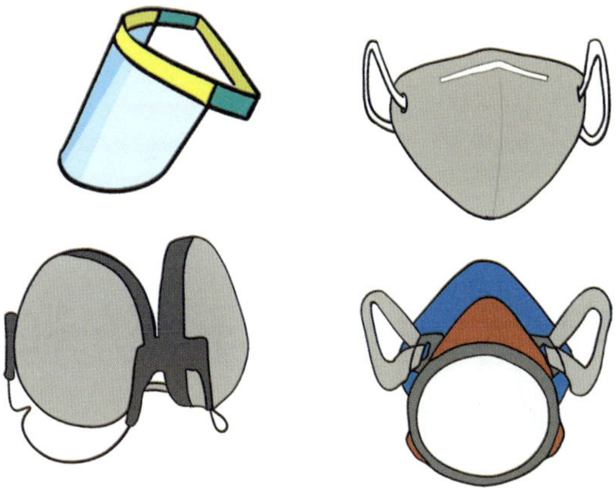

（6）护手设备。在不适合以手直接接触机械、机具、物料、液体的情况下，以及可能导致手部受伤时必须佩戴合适的手套。有可能触电的工作则应佩戴绝缘手套。手套要跟手型相符合，若手套过长则有可能被卷入机器，威胁人身安全。

（7）护眼设备。进行以下工作时，必须戴上护眼罩或面罩：使用机动砂轮进行研磨及切割，或者打磨砂轮；有色金属及铸铁的内外车削，但精密车削除外；焊接及切割；使用激光的任何工作；任何有可能导致微粒飞射而使眼睛受伤的工作。

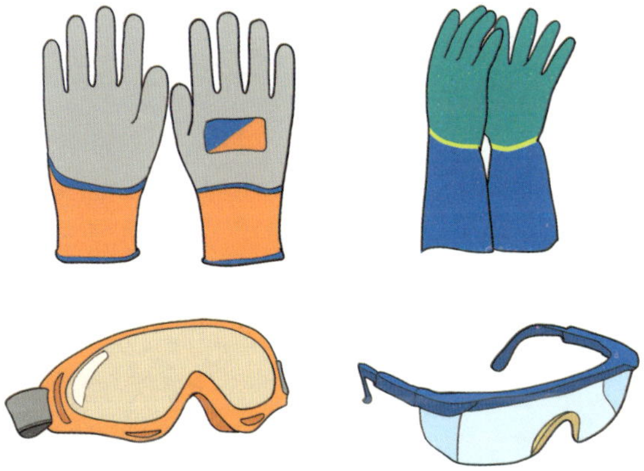

生命诚可贵　安全价最高

10　自然灾害的预防和应急

我国是世界上自然灾害最为严重的国家之一，灾害种类多、分布地域广、发生频率高、造成损失重。我国的自然灾害主要有地震灾害、气象水文灾害、海洋灾害、地质灾害、森林草原火灾和生物灾害等。

10.1 地震灾害的预防与应急

地震又称地动、地振动，是地壳快速释放能量过程中造成的振动，期间会产生地震波的一种自然现象。地球上板块与板块之间相互挤压碰撞，造成板块边沿及板块内部产生错动和破裂，是引起地震的主要原因。

10.1.1 避震原则

一要因地制宜，不要一定之规；二要行动果断，不要犹豫不决；三在公共场所要听从指挥，不要擅自行动。

10.1.2 避震要点

（1）地震时就近躲避，震时预警时间很短，从室内跑出十分困难，震后再迅速撤离到安全的地方，是应急避震较好的办法。如果人在平房或者一楼、二楼，房外开阔，无危险坠物掉落，可迅速跑到房外；如果人在三、四楼或更高楼层，就应就近避震，震后迅速沿楼梯下撤到安全地带。

（2）躲在室内结实、不易倾倒、能掩护身体的物体下或物体旁，或选择空间小、有支撑的地方；在室外要远离建筑物，前往开阔、安全的地方。

（3）应趴下，使身体重心降到最低，脸朝下，不要压住口鼻，以利呼吸；蹲下或坐下时尽量蜷曲身体；抓住身边牢固的物体，以防摔倒或因身体移位，暴露在坚实物体外而受伤。

（4）低头，用手护住头部和后颈，有可能时，用身边的物品（如枕头、被褥等）顶在头上以保护头颈部；低头、闭眼，以防异物伤害眼睛；有可能时，可用湿毛巾捂住口、鼻，以防灰土、毒气进入人体。

（5）不要随便点明火，因为空气中可能有易燃易爆气体；要避开人流，不要拥挤，以免因跌倒、踩踏、碰撞等而受伤。无论在什么场合，宿舍、教学楼、商店、娱乐场所等均应如此。

10.1.3 地震应急包

地震应急包是应对地震灾害风险的一种组合工具与应急物品的集合体，可在地震发生后提供短时自救互救、个体防护、照明、生活等急救用品。应急包通常放置在门口及床头附近，以便快速取用。家庭地震应急装备大致包括应急饮食、通信照明、救护防护等物资用品。

（1）应急饮食：瓶装矿泉水、压缩干粮、罐头、巧克力等，按保质期及时更换。

（2）通信照明：收音机、应急哨、手电筒、蜡烛火柴、应急灯等。

（3）救护防护：安全帽、防火毯、灭火器、救援逃生绳、防滑手套、防尘面罩、安全锤、折叠铲、多功能刀、多功能钳、应急医疗包等。家中也要常备一个应急医疗包，主要有纱布绷带、剪刀、别针、无纺布胶带、创可贴、碘伏消毒液、消炎药、医用酒精棉片、清洁湿巾等。

（4）生活保障：简易帐篷、睡袋、保温毯、雨衣、折叠水桶、压缩毛巾、医用口罩等。

10.1.4 地震自救与互救

地震时被埋或被困废墟内，要保持镇定，因地制宜，采取自救措施。

（1）如果部分肢体被埋压但双手可以活动时，首先要用手清除头部、胸部的杂物，用手在头、胸部掏出一定的空间，保障呼吸畅通。再尽可能及时用身边可用的砖石、木棍或其他坚硬物品，建立起一个支撑体，稳定生存空间，防止余震时进一步塌落。

（2）如果灰尘太大或闻到煤气味时，要设法用湿衣物捂住口鼻，避免窒息或中毒。

（3）地震被压埋后，要特别注意保存体力，保持清醒，不要盲目呼救，要用砖、铁管等物敲打管道或墙壁。在确定上方有人时，再大声呼救。

（4）如果废墟内有生存空间，身体能够自行活动，应尽力朝着有光或可能有水和食物的地方移动。如果受伤，可从衣物上撕下布条及时进行包扎，避免失血过多。

（5）如果多人同时被埋压，要互相鼓励、团结协作，共同商定自救计划并采取行动。

震后，在救援队伍暂未抵达时，积极互救是减轻人员伤亡最及时、最有效的办法。互救应遵循以下原则：

“先易后难”——先救埋压较浅、容易救出的轻伤人员。

“先近后远”——先救离自己最近的被压埋者。

“先多后少”——先救压埋人员多的地方，如学校、医院、旅馆、商场等人员密集场所。

营救中要首先使伤者头部暴露出来，并迅速清除口鼻内尘土，保持呼吸道畅通防止窒息，之后再刨挖伤者身体其他部位。

在使用锹、镐等工具刨挖时，要特别注意不要伤及被埋人员，更不要破坏被埋者周围主要的支撑物，防止进一步倒塌。

对于脊椎损伤人员，搬动时切忌生拉硬拽，必须要用门板或硬木板抬出废墟。

如被埋压者受伤严重、埋压较深、时间较长，应尽快想办法向其输送水、食品和药品，以维持生命，等待专业人员援助。

10.1.5 应急避难生活

（1）防止余震及山体滑坡、水库溃堤、堰塞湖崩塌等次生灾难事故发生。提高防范余震的意识和技能，减少伤亡。

（2）防止危房倒塌引起的破坏及伤人事故。

（3）注意饮食和个人卫生。

（4）科学选址，搭建防震棚，严防火灾。

（5）疏解伤痛，调整心理，面向未来，积极生活，恢复重建。

（6）按规定服用预防药物，增强身体抵抗力，防疫灭病。

10.2 洪涝灾害的预防及应急

洪涝灾害是因降雨、融雪、冰凌、溃坝（堤）、风暴潮等引发江河洪水、山洪泛滥以及渍涝等，对人类生命财产、社会功能等造成损害的自然灾害。

10.2.1 洪涝灾害发生前的应急

（1）根据当地电视、广播等媒体提供的洪水信息，结合自己所处的位置和条件，冷静地选择最佳路线撤离，避免出现“人未走，水先到”的被动局面。

（2）认清路标，明确撤离的路线和目的地，避免因为惊慌而走错路。

（3）备足速食食品或蒸煮够食用几天的食品，准备足够的饮用水和日用品。

（4）扎制木排、竹排，搜集木盆、木材、大件泡沫塑料等适合漂浮的材料，加工成救生装置以备急需。

（5）将不便携带的贵重物品作防水捆扎后埋入地下或放到高处。票款、首饰等小件贵重物品可缝在衣服内随身携带。

（6）保证通信设备完好可用。

10.2.2 洪涝灾害发生时的应急

（1）洪水到来时，来不及转移的人员，要就近迅速向山坡、高地、楼房、避洪台等地转移，或者立即爬上屋顶、楼房高层、大树、高墙等高的地方暂避。

（2）如洪水继续上涨，暂避的地方已难自保，则要充分利用准备好的救生器材逃生，或者迅速找一些门板、桌椅、木床、大块的泡沫塑料等能漂浮的材料扎筏逃生。

（3）如果已被洪水包围，要尽快与当地政府防汛部门取得联系，报告自己的方位和险情，积极寻求救援。

注意：千万不要游泳逃生，不可攀爬带电的电线杆、铁塔，也不要爬到泥坯房的屋顶。

（4）如已被卷入洪水中，一定要尽可能抓住固定的或能漂浮的东西，寻找机会逃生。

（5）发现高压线铁塔倾斜或者电线断头下垂时，一定要迅速远避，防止直接触电或因地面“跨步电压”触电。

10.2.3 洪涝灾害发生后的应急

10.2.3.1 饮用水卫生管理

洪涝灾区的水质特点一般是浑浊度高，微生物污染严重，为保证饮用水卫生，防止肠道传染病的发生和流行，必须对饮用水质采取应急措施。

（1）污染严重时，应及时清理污染源、污染物，必要时在上游另选合适取水点。

（2）饮用水源取水点应有防护措施或设专人看护。

（3）加强卫生宣传教育，提高灾民对饮水卫生意义的认识，普及饮水净化，消毒常识，提倡喝开水，不喝生水，不使用未经消毒的水。

（4）加强饮水水质监测及消毒效果的监测评价，督导灾区饮水卫生。

10.2.3.2 食品卫生

（1）水灾地区需要重点预防食物中毒。如霉变粮食（米面）引起的霉菌毒素食物中毒；食用死亡的畜禽肉、没有很好冷藏（如肉、蛋类食品）或存放时间长的熟食（如米饭、蔬菜）引起细菌性食物中毒。

（2）由于灾区环境和临时居住地的条件所限，农药、亚硝酸盐及其他工业用化学物质易被误食，从而引发化学性食物中毒。

（3）误食猪甲状腺、肾上腺和含毒的鱼类等会引起有毒动物食物中毒；食用未经充分加热的豆浆、扁豆或发芽土豆、毒蘑菇会引起有毒植物食物中毒。

10.2.3.3 食物中毒的现场处置

（1）病人的急救治疗主要包括催吐、洗胃、灌肠以及对症治疗和特殊解毒药物治疗。食物中毒报告的内容包括发生地点、时间、人数、典型症状和体征、治疗情况、中毒食物和采取的措施等，同时应注意采集病人标本以备送检。

（2）封存现场的中毒食品或疑似中毒食品等待检验，通知追回或停止食用所有中毒或疑似中毒食品。

（3）对中毒食品进行无害化处理或销毁，并对中毒场所采取相应的消毒处理。对细菌食物中毒，固体食品可用煮沸消毒 15~30 分钟处理，液体食品可用漂白粉消毒。对病人的排泄物、呕吐物可用 20%石灰乳或漂白粉消毒（1 份排泄物加 2 份消毒液混合放置 2 小时），周围环境可采用过氧乙酸进行喷洒消毒。化学或有毒动植物食物中毒应将引起中毒的有毒物进行深埋处理。

10.2.3.4 住所环境卫生

（1）先安置后完善，选择安全和地势较高的地点设立临时住所，人畜分离，消、杀、灭防疫工作到位。

（2）合理布局，就地取材，搭建应急临时厕所，要求做到粪池不渗漏（或用陶缸、塑料桶等作为粪池）。集中治疗的传染病病人粪便必须用专用容器收集，然后消毒处理。

（3）合理布设垃圾收集站点，专人负责，日产日清，消毒杀虫控制滋生。对环境清理中清出的家畜家禽和其他动物尸体应用漂白粉或生石灰处理后进行深埋。

10.2.3.5 传染病控制

（1）重点地控制传染源，开展自然疫源地的“专业性”灭鼠活动，清除蚊蝇有效地控制和消灭病媒害虫。强化食品卫生管理，防止“病从口入”，控制食源性疾病的发生。

（2）加强疫情监测，建立疫情报告网络。有必要对某些疾病进行疫苗的应急接种和服药预防，有针对性地开展强化免疫和预防服药等，以控制灾区的传染病暴发流行。

（3）对儿童、老、弱、病、残及孕妇等这类特殊人群应采取加强预防性保健，控制疾病的流行。开展卫生知识宣传教育，养成灾民良好卫生习惯，提倡不喝生水，饭前便后要洗手。

10.3 台风、雷电灾害预防及应急

10.3.1 台风的预防与应对

台风，属于热带气旋的一种。热带气旋是发生在热带或副热带洋面上的低压涡旋，是一种强大而深厚的“热带天气系统”。我国把南海与西北太平洋的热带气旋按其底层中心附近最大平均风力（风速）大小划分为 6 个等级，从低到高分别是热带低压、热带风暴、强热带风暴、台风、强台风、超强台风。在气象上，一般按风力大小划分为十二个等级即 0～12 级，其中心附近风力达 12 级或以上的，通称为台风，其摧毁力极大，陆地少见。

受台风影响的区域应采用以下应急措施：

（1）及时收听、收看或上网查阅台风预警信息，了解政府的防台对策。

（2）关紧门窗，紧固易被风吹动的搭建物。

（3）从危旧房屋中转移至安全处。

（4）处于可能受淹的低洼地区的人要及时转移。

（5）检查电路、炉火、煤气等设施是否安全。

（6）不参加露天集体活动或室内大型集会。

10.3.2 雷电的预防与应对

闪电是一种常见的自然现象。它本质上是天空中雷暴云的火花放电。放电产生的光是闪电。闪电加热空气迅速膨胀所产生的巨大声音是雷声。在雷雨天，人们很容易被闪电击中，造成伤害甚至死亡。

应对雷电的主要措施有：

（1）雷电天气时，要留在室内，并关好门窗。

（2）打雷时，不宜使用无防雷措施或防雷措施不足的电视、音响等电器，平房不宜使用水龙头。

（3）雷雨时，切勿接触天线、水管、铁丝网、金属门窗、建筑物外墙等，应远离电线等带电设备或其他类似金属装置。

（4）减少使用固定电话和手机，室外不要使用手机。

（5）切勿游泳或从事其他水上运动，不宜进行室外球类运动，离开水面以及其他空旷场地，寻找地方躲避。

（6）切勿站立于山顶、楼顶上或接近导电性高的物体。

（7）切勿处理开口容器盛载的易燃物品。

（8）在旷野无法躲入有防雷设施的建筑物内时，应远离树木和桅杆。

（9）在空旷场地不宜打伞，不宜把羽毛球拍、高尔夫球杆等扛在肩上。

大量的雷击抢救实践证明，遭受雷击后，有一部分呈死亡状态的人还未真正死亡，即使心脏停止跳动、呼吸停止，也往往是一种暂态现象，通常称为雷击“假死”。

辨别“假死”的方法是观察受害者的身体是否出现紫蓝色斑纹，若未出现，说明还未真正死亡，应迅速就地抢救。通常采取人工呼吸和体外心脏按压法（AED），对雷击导致“假死”人员的抢救，往往需要一段较长的时间，切不可半途而废。

10.4 风暴潮、海啸的预防和应急

风暴潮是发生在海洋沿岸的一种严重自然灾害，这种灾害主要是由大风和高潮水位共同引起的，使局部地区猛烈增水，酿成重大灾害。

海啸形成的原因有地震、海下的山崩以及宇宙影响等，地震是海啸形成最主要的原因，其次就是地震或者火山爆发引起的海底山崩，而宇宙的影响对海啸来说是最小也是最不稳定的因素。

10.4.1 预防风暴潮、海啸

（1）准备急救包。把它放在明显的、所有人都知道且发生紧急情况时可以随手拿起的地方。另外，急救包最好人手一个，有条件的可以同时准备一些保质期较长的压缩食品及瓶装饮用水备用。

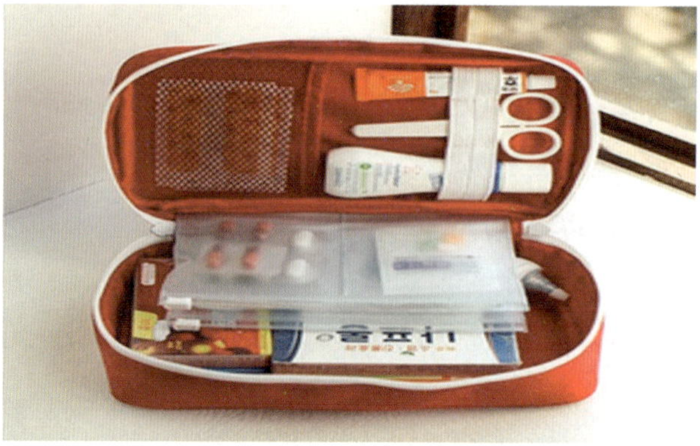

（2）制定紧急疏散计划。考虑周围环境，记录逃生时可以前往的安全地方，特别是步行不超过 15 分钟的地方。逃生路线尽量多样化，以防灾害阻断逃生路线的可能。

（3）定期参加海啸撤离演练。通过实战熟练掌握海啸发生时的逃生方法。

（4）牢记预警信号。通过宣传册或者逃生课程熟知应急服务机构的各种预警信号与系统。

（5）掌握必要的急救护理技能，确保生命不因缺乏常识而逝去。

（6）社会建有完备的灾后处理机制和系统，每个人都要清楚自己在系统中的角色，快速处置灾情善后工作。

10.4.2 风暴潮、海啸的应急处置

（1）如果发现潮汐突然反常涨落，海平面显著下降或者有巨浪袭来，并且有大量的水泡冒出，都应以最快速度撤离岸边。海啸前海水异常退去时往往会把鱼虾等许多海生动物留在浅滩，场面蔚为壮观。此时千万不要前去捡鱼或看热闹，应当迅速离开海岸，向内陆高处转移。通过氢气球可以听到次声波的“隆隆”声。

（2）如果没有时间开出海港，所有人都要撤离停泊在海港里的船只。海啸登陆时海水往往明显升高或降低，如果看到海面后退速度异常快，立刻撤离到内陆地势较高的地方。

（3）如果没有及时赶到高地，则应该尽量抓住能够固定自己的东西。在浪头袭来的

时候，要屏住一口气，尽量抓牢不要被海浪卷走，等海浪退去后，再向高处转移。

（4）万一不幸被海浪卷入海中，要冷静放松，努力使自己漂浮在海面。漂浮时，要尽量使自己的鼻子露在水面或者改用嘴呼吸。快速向岸边移动，漂浮物越密集代表离岸越近，越稀疏则代表离岸越远。

10.5 其他极端天气的应急

10.5.1 如何应对劲风

大风来临前，要关注气象预报，做好防风防尘准备工作。

（1）避开“狭管效应”。狭长通道形成的“狭管效应”会造成局部风力瞬间突然加大。所以劲风来临时在高层建筑之间的狭长通道行走、骑车时要格外留意危险。

（2）小心高空坠物。有些广告牌由于安装不牢，在强风作用下有可能垮塌；一些树木枝干或根基不牢，有可能在大风天气中吹倒、断裂；空调室外机、花盆及存放在高空的其他杂物均是产生砸伤事件的高危物品；一些老化的建筑外墙和其他建筑材料也存在倒塌、脱落伤人的隐患。

（3）谨慎驾车。大风天气能见度降低，驾驶员开车时应集中精力，严密注意行人动向，减速慢行，保持车辆比平时更远的间距。货运车辆装载的物资要捆扎牢固，防止物品脱落伤及行人。

（4）谨慎骑行。侧风向骑行有可能被大风刮倒或改变骑行方向，极易与其他车辆发生剐蹭事故，造成人员受伤。

10.5.2 如何应对冰雹

（1）要及时躲避到建筑物或坚固的遮挡物下。

（2）无遮挡物时，应躲到背风处，双臂交叉护住头部和脸部，或用书包等厚实的物品护住头部，屈体下蹲，手背部向上，尽量减少身体的暴露部位。

（3）有瘀血、肿胀的受伤人员，可用散落的冰雹进行冰敷止血，严重者及时送往医院救治。

10.5.3 如何应对短时暴雨

短时的强降水会带来地表径流量的激增，容易造成城市内涝，如郑州发生的“7·20”特大暴雨。在地质条件比较脆弱的地区，容易发生泥石流，山体滑坡等。

（1）当所处的城市发生内涝时，在户外积水行走时，要注意观察，并贴近建筑物行走，防止跌入下水井口及地面坑洼处。

（2）驾驶员遇到路面积水过深时，应绕道行走，避免强行通过。当汽车在低洼积水中熄火时，千万不要在车上等候，应立即下车转移到高处等待救援。

（3）暴雨来临前选择地势较高的位置避雨。

（4）如果路面水浸时，应站立安全处，勿贸然涉水。

（5）暴雨伴随雷电时，户外手机关机、空旷地带不要撑伞。

（6）不倚靠路灯杆、信号杆，避免与含金属物体接触。

（7）留意周围是否有电线，保持距离避免触电伤害。

（8）远离建筑工地的临时围墙，还有建在山坡上的围墙，也不要站在不牢固的临时建筑物（广告牌）旁边。

10.5.4 如何应对龙卷风

（1）最安全的地方是由混凝土建筑的地下室。龙卷风有跳跃性前行的特点，往往是一会儿着地一会儿腾空。人应尽量往低处走，尤其不能待在楼房上面。相对来说，小房屋和密室要比大房间安全。

（2）寻找与龙卷风路径垂直方向的低洼区藏身。乘车在野外遇到了龙卷风应迅速弃车奔向附近的掩蔽处。倘若已经来不及逃远，也应当机立断，迅速找一个与龙卷风路径垂直方向的低洼区（如田沟）藏身。

（3）选择靠近大树的房屋内躲避，可降低风险破坏程度。

（4）在电杆倒、房屋塌的紧急情况下，应及时切断电源，以防止电击人体或引起火灾。

（5）在野外遇龙卷风时，应就近寻找低洼地伏于地面，但要远离大树、电杆，以免被砸、被压和触电。

10.6 滑坡、泥石流的预防及应急

10.6.1 滑坡的应对

滑坡、泥石流是典型的地质灾害，每年都会发生多起。

（1）当处在滑坡体上时，向两侧逃跑为最佳方向。只要行动迅速，都有可能逃离危险区段；在向下滑动的山坡中，向上或向下奔跑都是很危险的。滑坡呈整体滑动时，原地不动或抱住大树等物，不失为一种有效的自救措施。

（2）当处于非滑坡区，而发现可疑的滑坡活动时，应立即报告邻近的村、乡、县等有关政府或单位，并通知邻近的河谷、山沟中的人们做好撤离准备。

10.6.2 泥石流的应对

（1）泥石流发生前的迹象。河流突然断流或水势突然加大，并夹有较多柴草、树

枝；深谷或沟内传来类似火车轰鸣或闷雷般的声音；沟谷深处突然变得昏暗，并有轻微震动感等。当地居民要随时注意灾害预警预报，选好躲避路线，避免到时措手不及。

（2）去山地户外游玩时，要选择平整的高地作为营地，尽可能避开河（沟）道弯曲的凹岸或地方狭小高度又低的凸岸。切忌在沟道处或沟内的低平处找寻宿营棚。当遇到长时间降雨或暴雨时，应警惕泥石流的发生。

（3）发现有泥石流迹象，应立即观察地形，跑至沟谷两侧山坡或向高地跑。逃生时，要抛弃一切影响奔跑速度的物品。不要躲在有滚石和大量堆积物的陡峭山坡下。不要停留在低洼地方，也不要攀爬到树上躲避。

10.7 野外生存常识

10.7.1 确保生命的必需——方向

（1）树木、苔藓。独立树通常南面枝叶茂盛，树皮光滑。树冠茂密的一面是南方，稀疏的一面是北。苔藓的道理与之相同，但是北面生长旺盛。通过观察树木的年轮也可判明方向。树桩上的年轮线通常是南面稀、北面密。大岩石、土堆、大树南面草木茂密，而北则易青苔。建筑物、土堆、田埂、高地的积雪通常是南面融化得快，北面融化得慢。

（2）带指针的手表。利用太阳和手表判定。在北半球，用手将手表托平，表盘向上，转动手表，将表盘上的时针指向太阳。这时，表的时针与表盘上的 12 点形成一个夹角，这个夹角的角平分线的延长线方向就是南方；相反为北方。南半球的方法有所不同，应将 12 点对准太阳，12 点与时针形成的角的平分线即为北方。

（3）罗盘（指北针）。一个优质的罗盘是野外旅游的必备品。罗盘指针指向“北”或“N”，这个方向是磁北方向，与正北方向有一个偏差角度，应计算出磁偏角的数差，以取得准确的罗盘方向。

10.7.2 如何选择短暂的避风港——营地

（1）背风。风会迅速带走人体的热量、制造寒冷、卷走帐篷等，甚至会引发疾病。同时大风会使点火做饭取暖很困难，也很不安全。选择的营地一定要避风。最好是在小山丘的背风处，林间或林边空地、山洞、山脊的侧面和岩石下面等。

（2）日照。营地要尽可能选在日照时间较长的地方，这样会使营地比较温暖、干燥、清洁，便于晾晒衣服、物品和装备。

（3）防兽。要仔细观察营地周围是否有野兽的足迹、粪便、巢穴以及蜂巢等，不要建在蛇、鼠、虫较多地带和野生动物饮水的必经之路上，以防伤人或装备设施损坏。要备有驱蚊、虫、蝎药品和防护措施。在营地周围撒些草木灰，硫黄粉、煤油等可以非常有效地防止蛇、蝎、毒虫的侵扰。

（4）避险。营地上方不要有滚石、滚木，不要在泥石流多发地建营。雷雨天不要在山顶、独立大树下以及空旷地上安营，以免遭到雷击，不要在河滩、河床、溪边等地带建立营地，以防被突如其来的洪水冲走。

（5）引火物。周围可寻找到易燃的引火物，如枯草、干树叶、桦树皮、松针、松脂、细树枝、纸、棉花等。

（6）可燃物。干柴要选择干燥、未腐朽的树干或枝条，尽可能选择松树、栎树、柞树、桦树、槐树、山樱桃山杏之类的硬木，燃烧时间长，火势大，木炭多。不要捡拾贴近地面的木柴，贴近地面的木柴湿度大，不易燃烧，且烟多熏人。

10.7.3 野外科学饮水和寻找水源

10.7.3.1 科学饮水

在水源紧缺的情况下，要合理安排科学饮用水，不要因为一时口渴而狂饮。在野外工作或探险中，要讲究科学性，一次只喝一两口，然后含在口中慢慢咽下，过一会儿感觉到口渴时再喝一口，慢慢地咽下。这样重复饮水既可使身体将喝下的水充分吸收又可解决口舌咽喉的干燥。

10.7.3.2 如何在野外寻找水源

（1）眼观。观察动物、植物、气象、气候及地理环境等寻找水源。地表水、降水、地下水、植物和太阳能蒸馏器所产生的水都可以用来补充人体水分需要。

（2）耳听。多注意山脚、山涧、断崖、盆地、谷底等是否有山溪或瀑布的流水声，有无蛙声和水鸟的叫声等。如果能听到这些声音，说明你已经离水源不远了，并可证明这里的水源是流动的活水，可以直接饮用。但要特别注意的是，不要把风吹树叶的“哗哗”声听做水流的声音。

（3）植物。丰富的植被或者茂盛的草丛都标志着附近有水源。在南方的丛林中，到处都有野芭蕉，也叫仙人蕉。这种植物的芯含水量很大，只要用刀将其从底部迅速砍断，就会有干净的液体从茎中滴出，野芭蕉的嫩心也可食用充饥。里葛藤、葡萄藤、猕猴桃藤、五味子藤等藤本植物也可从中获取饮用水。另外，在春天树木要发芽之时，还可从桦林、山榆树等乔木的树干及枝条中获取饮用水。注意：千万不要饮用那些带有乳浊液的藤或灌、乔木的汁液，有毒。另外，还可以从芦荟、仙人掌及其果实中获取饮水。

（4）哺乳动物。如果看到有两条动物走过的路径汇合到一处，那么汇合点所指向的方向通常就会有水源。

如果你在一个区域看到大量的兽粪，那么也表明附近有水源。大部分大型野生动物主要在拂晓时分和黄昏的时候去水源处饮水。

（5）鸟类。通常在拂晓时分和黄昏的时候接近水源。白天鸟群一般会围在水源周围不远的地方。燕子飞过的路线和衔泥筑巢的地方，都是有水源和地下水位较高的地方。再有，鹌鹑傍晚时向水飞，清晨时背水飞；斑鸠群早晚飞向水源，这些也是判断水源的依据。

（6）昆虫。在有小溪水源的地方，因水流较小，昆虫一般会大量聚集，水源不理想。夏天蚊虫聚集，且飞成圆柱形状的地方一定有水；有青蛙、大蚂蚁、蜗牛居住的地方也有水。比较理想的情况是在水流比较急的地方取水，不要在水面有浮游层或者水藻生长得过分茂密的地方取水。

10.7.3.3 野外饮用水的净化处理

野外水源取水饮用前应该就当时的环境条件对水源进行必要的净化和消毒处理，以避免因饮水而中毒或染上疾病。即使极度疲惫干渴，也不要立即狂饮。

一般说来，除泉水和井水（地下深水井）可直接饮用外，不管是河水、湖水、溪水、雪水、雨水、露水，还是通过渗透、过滤、沉淀而得到的水，最好都应进行消毒处理后再饮用。

（1）净水药片。将净水药片放入水容器中，搅拌摇晃，静置几分钟，即可饮用，可灌入壶中存储备用。一般情况下，一片净水药片可对1升的水进行消毒，如果遇到水质较混浊可用二片净水药片进行消毒。

（2）医用碘酒。如果没有净水药片，可以用随身携带的医用碘酒代替净水药片对水进行消毒。在已净化过的水中，每一升水滴入 3 ~ 4 滴碘酒，如果水质混浊，则在每升水中加入的碘酒要加倍。搅拌摇晃后，静置 20 ~ 30 分钟后，即可饮用或备用。

（3）食醋（白醋）。食醋（白醋）也可以对水进行消毒。在净化过的水中倒入一些醋汁，搅匀后，静置 30 分钟后便可饮用。只是水中有些醋的酸味。

知险之心长有　防灾之事首行

11 自救互救（应急医疗处置与救援）

日常生活及自然灾害事故中，休克、触电、骨折、溺水、烧伤、烫伤、冻伤等意外伤害很难避免，也难以预料。在救护现场，面对呼吸心脏骤停和意外伤害时，自救或互救过程中最宝贵的就是事发最初的 4 分钟，俗称“黄金 4 分钟”。学习掌握急救护理应急知识，开展自救与互救，对于挽救生命来说意义重大。

11.1 出血急救

11.1.1 处理的原则

在做好伤口清洁、清除伤口异物的同时做好消毒工作，临床常见操作为生理盐水冲洗伤口，碘伏消毒。对于较大的伤口需要根据实际情况有针对性地选择包扎或缝合。

根据受伤后皮肤的完整性可把创伤分为闭合性损伤和开放性损伤。闭合性创伤的受伤部位（皮肤或体表黏膜）仍保持完整，由于屏障完好，所以感染机会减少。而开放性创伤则相反，常出现体腔或骨与伤口相通，对于开放性损伤，应尽快将伤口封闭，以防止细菌入侵，促使伤口尽快愈合。若不缝合伤口，伤口可能会感染，愈合时间更长，疤痕更大。

11.1.2 出血

11.1.2.1 出血的判断

（1）外出血是指血液从皮肤向体外流出。

（2）内出血是指血液从破裂的血管流入组织、脏器或体腔内。

（3）静脉出血表现为颜色暗红，流出缓慢，呈持续性。

（4）动脉出血表现为颜色鲜红，血流急，呈喷泉状或汩汩涌出。

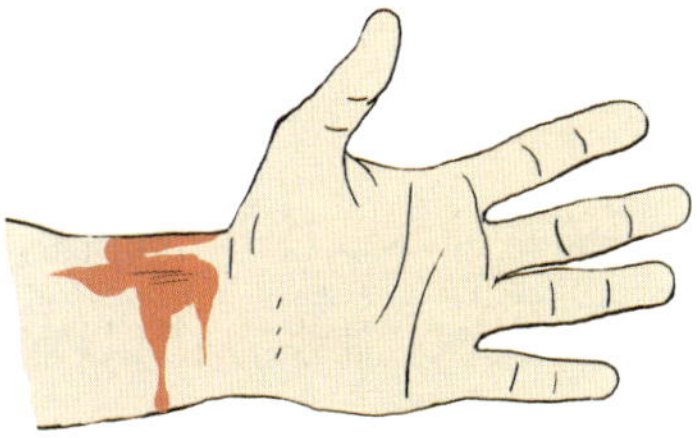

（5）毛细血管出血表现为颜色较鲜红，从整个创面渗出，找不到明显的出血点，一般可自行凝固。

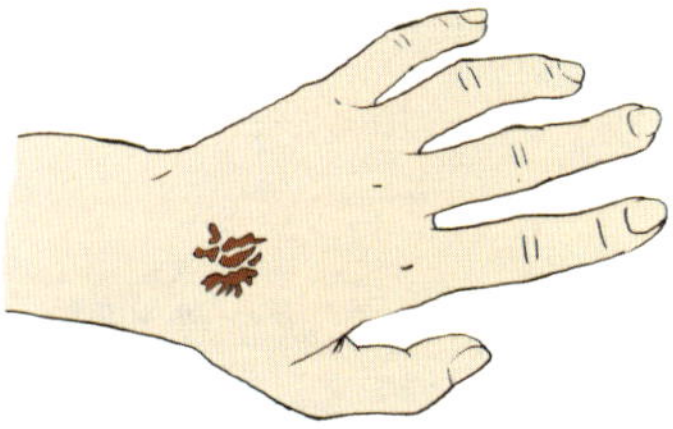

11.1.2.2 出血后的应急处置

（1）受伤无外出血，但有失血的表现或两者不成比例时应引起警惕，最好立即送院检查治疗。

（2）小伤口出血时，有条件时先用生理盐水冲洗，再用消毒纱布覆盖伤口，用绷带或三角巾包扎；无条件时可用净水器过滤的自来水或消毒后的井水、冷开水清洗伤口，再用干净毛巾或其他软质布料覆盖包扎。

（3）大伤口出血时，小动脉和静脉出血可以用加压包扎止血法。比较大的动脉出血，应用止血带止血。在紧急情况下，须先用压迫法止血，然后再根据出血情况改用其他止血法。

（4）出现伤口污染后，只要在 6 小时内进行充分消毒，一般不会化脓，所以止血后一定要抓紧就医。

（5）无论什么原因导致的出血，都有发生破伤风的可能，因此必须去医院检查，打破伤风针等进行预防。

11.1.3 止血

11.1.3.1 一般止血法

一般止血法适用于小创口出血的情况。具体操作步骤如下：

（1）用按压止血法，将清洁的布块或毛巾等垫在伤口上按压 10 ~ 20 分钟。

（2）血止住后，用绷带轻轻包住，不要包得太紧。

（3）不要用脱脂棉花或草纸垫在伤口处，不能在伤口上涂药物。

（4）如果伤口被污染，先使用消毒凉水或冷开水冲洗，不要使用肥皂。

（5）不要擦掉出血伤口周围的血块、血浆，伤口内如果有玻璃片等异物也不要拔出，应立即到医院处理。

11.1.3.2 指压止血法

指压止血法适用于较大的动脉出血的情况。出血后用拇指压住出血的血管上方（近心端），使血管被压闭住，中断血液。它在不同部位上的使用方法是不同的。

（1）面部出血。一侧脸部出血，用食指或其他四指在脖子总动脉搏动处，压向颈椎方向，不要两侧同时按压。

（2）前臂出血。用一根手指压迫上臂内侧肱二头肌沟处的搏动点。

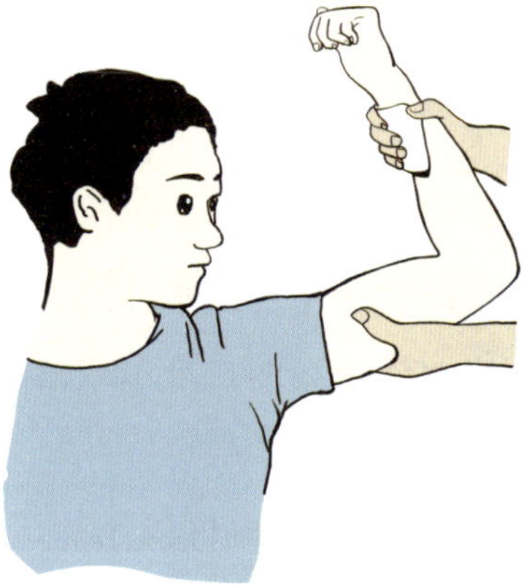

（3）手部出血。两手拇指同时压迫腕部内外侧的搏动点。

（4）大腿以下出血。自救时双手拇指重叠，用力压迫大腿上端、腹股沟中点稍下方的搏动处。

11.1.3.3 填塞止血法

填塞止血法适用于软组织内的血管损伤出血的情况。在出血后用无菌纱布填入伤口内压紧，外面加上大块无菌敷料加压包扎。

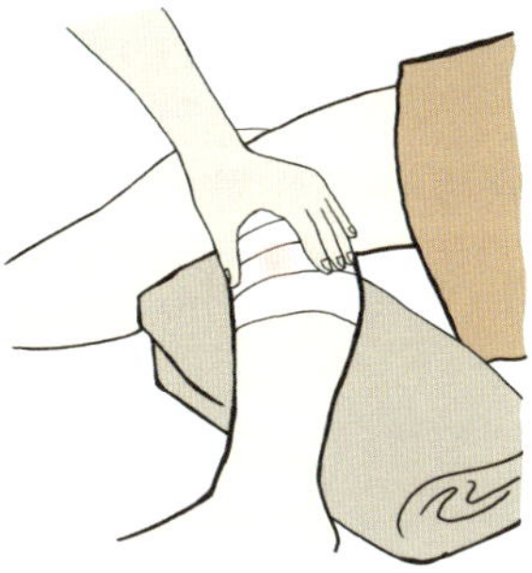

11.1.3.4 加压包扎法

加压包扎法适合伤口较大、出血较多的情况。出血后先用纱布等做成垫子，放在伤口的无菌敷料上，再用绷带或三角巾加压包扎。包扎的压力应适度，以达到止血但不影响肢体远端血液流动为度。

11.1.3.5 止血带止血法

止血带止血法一般适用于较大的肢体动脉出血的情况。如果事出突然，一般可用橡皮带、宽布条、三角巾、毛巾等作为止血带使用。

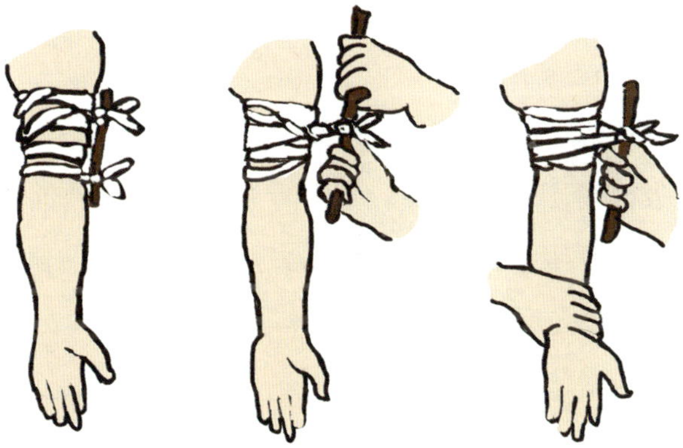

11.1.3.6 其他止血法

除上述方法之外，也可以用一些日常用品止血。

（1）冰块。从冰箱中拿出冰块放在伤口上，可以起到止血作用。但要注意，如果是冬天在野外受伤，不要随便用冰块止血，因为野外环境复杂，冰块中可能含有细菌。

（2）绝缘胶布。将绝缘胶布适当缠在伤口周围，能立刻止血。

（3）淀粉或面粉。如果流血不多，可以将淀粉或面粉撒在伤口上，它们可以吸收血液中的水分，促进血液凝固。

11.2 窒息急救

人体在呼吸过程中由于某种原因受阻或异常，所产生的全身器官组织缺氧，二氧化碳潴留而引起的组织细胞代谢障碍、功能紊乱和形态结构损伤等病理状态称为窒息。

11.2.1 窒息的主要原因

（1）机械性窒息。因机械作用引起呼吸障碍，如缢、绞、扼颈项部、用物堵塞呼吸孔道、压迫胸腹部、患急性喉头水肿或食物吸入气管等造成的窒息。

（2）中毒性窒息。如一氧化碳中毒，大量的一氧化碳由呼吸道吸入肺，进入血液与血红蛋白结合成碳氧血红蛋白，阻碍了氧与血红蛋白的结合与解离，导致组织缺氧造成窒息。

（3）病理性窒息。如溺水和肺炎等引起的呼吸面积的丧失；脑循环障碍引起的中枢性呼吸停止；儿童因空气中缺氧窒息（如淘气自己关进箱、柜内）。其症状主要表现为二氧化碳或其他酸性代谢产物蓄积引起的刺激和缺氧所引起的中枢神经麻痹等症状交织在一起。

11.2.2 窒息的症状

常见症状有呼吸极度困难；口唇、颜面青紫；心跳加速而微弱；病人处于昏迷或半昏迷状态；发绀明显；呼吸逐渐变慢而微弱，继而不规则，到呼吸停止，心跳随之减慢直到停止；瞳孔散大，对光反射消失等。

11.2.3 窒息的现场急救

立即清除呼吸道阻塞是提高抢救成功率的关键环节。因噎食吸入食物或胃内容物所致窒息，必须尽快设法使呼吸道恢复通畅，使病人尽早脱离缺氧状态，可采取如下措施：

（1）掏取。咽喉部被面团堵塞，迅速撑开口腔用手指掏出。

（2）冲击（海姆立克急救法）。病人呈仰卧位，以双手在剑突下向上用力加压，若为坐位或立位施救者在病人身后用双手或其他硬物顶于剑突下，向上猛然冲击，利用胸腔里的气流压力，把堵在咽喉气管的食团冲出来。

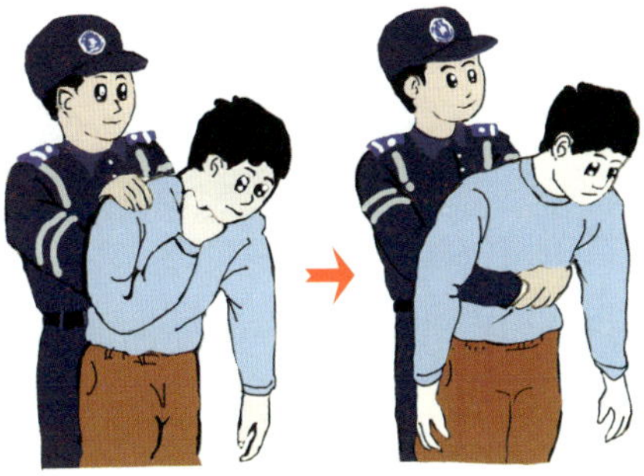

（3）引流。立即把病人置于头低45°～90°体位使吸入的食物或胃内容物顺体位流出。

（4）拍背。做体位引流时，轻拍双侧肩胛间区内自下向上促使气管内异物排出。

（5）抽吸。用粗导管插入咽喉部吸引气管内吸入物，同时刺激咽喉部引发咳嗽反射，有利于异物清除。

（6）穿刺。病人呼吸突然停止应用环甲膜穿刺是建立紧急人工气道内的最简短、有效的通气措施。

（7）气管插管或切开。必要时行气管插管或切开进行吸引使呼吸道的堵塞物得到迅速彻底的清除，建立起通畅有效的呼吸道。

（8）给氧。抢救时应充分高流量给氧，直到缺氧状态缓解，然后留置导管持续给氧。

（9）呼吸兴奋剂应用。病人呼吸功能恢复，呼吸减慢减弱时可应用呼吸兴奋剂。

11.3 骨折急救

骨折是指骨头或骨头的结构完全或部分断裂。骨折后经及时恰当处理，多数病人能恢复原来的功能，少数病人可能留有不同程度的后遗症。

11.3.1 骨折的原因

（1）直接暴力。

（2）间接暴力。

（3）疲劳性骨折。

（4）病理性骨折。

11.3.2 骨折的判断

不要随意搬动伤者，观察一下伤者的情况，如伤肢出现功能障碍，肿痛明显、外观畸形则骨折的可能性很大，如骨折端已外露，肯定已有骨折。在判断不清是否骨折的情况下，按骨折来处理。

11.3.3 现场急救的“三不”法则

（1）不复位。盲目复位极易造成二次损伤，或使污染的骨折端回缩造成深部感染。

（2）不盲目上药。建议没有医学经验或未经急救培训的人，最好不要给患者上药，以免增加处理难度。

（3）不冲洗。因为冲洗易将污染物带入身体内部甚至骨髓，造成伤口感染，引发骨髓炎。

11.3.4 现场急救的重点

如发现受伤者有骨折的可能，现场人员要先将受伤部位固定。医生建议，可用制式夹板或就地取材如木棍、竹片、报纸等做成的夹板进行骨折固定。若这些条件均不具备，可将患者身体当作夹板。注意事项如下：

（1）上夹板前，凡是和身体接触的地方要用棉花、软物垫好，避免进一步压迫或摩擦损伤。

（2）骨折固定绑扎时应将骨折处上下两个关节同时固定，才能限制骨折处的活动。

（3）骨折固定绑扎的顺序：应先固定骨折的近心端，再固定骨折的远心端；然后依次由上到下固定各关节处；下肢骨折和脊柱骨折时要将两脚靠在一起，中间加厚垫，用“8”字包扎方法固定；绑扎松紧度以绑扎的带子上下能活动 1 厘米为宜。四肢固定要露出指（趾）尖，以便随时观察末梢血液循环状况，若指（趾）尖苍白、发凉、发麻或发紫，说明固定太紧，则要松开重新调整固定压力。

11.3.5 骨折患者安全转运的原则

（1）保暖措施。尽快脱掉伤者潮湿的衣物，利用电热毯、热水袋或救护者的衣物等工具帮助伤者尽快升温保暖。

（2）不要喂食。在等待转运的过程中，原则上不要给予伤者任何饮料和食物。若伤者口渴难耐，可少量喂水，并密切观察伤者的反应，是否出现呛咳、恶心、疼痛加剧的表现，如出现则立即停止。

11.3.6 搬运方法

11.3.6.1 徒手搬运

1. 单人搬运

（1）扶持法。对于伤情较轻，尚能站立行走的患者，抢救者用右手从患者背部扶持其腰部，用左手牵住患者左手腕，钩住自己的颈部，让其身体微靠自己。

（2）抱持法。抢救者一手托大腿，一手托后背，将患者抱于自己胸前。患者若有知觉，可让其一手抱着抢救者的颈部。此方法比较适合于开放性气胸患者，需抢救者绝对有力，以免在途中无力不慎将患者摔落，造成更严重的伤害。

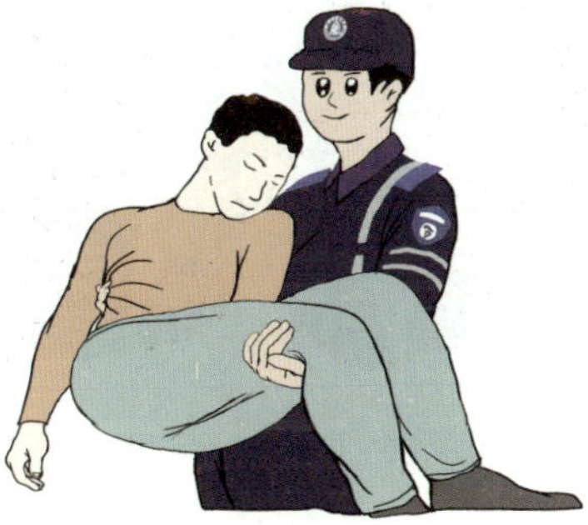

（3）背负法。救护者背向伤病者蹲下，让患者将双臂从救护者肩上伸到胸前，两手紧握。救护者抓住伤病者的大腿，慢慢站起来。

2. 双人搬运

（1）拉车法。一人站在患者头部一方，两手插入腋下，抬起上身，一人站在两腿中间，抱起两腿。这是最常见也是最省力的一种方式。

（2）椅托法。两个抢救者以三只手交叉握住成椅面，第四只手作椅背托起患者。

（3）平抱法。一人一手托着腰，一手托着背，抱起患者上半身，另一人一手托臀部，一手托大腿，抱起下半身。

11.3.6.2 担架搬运

利用制式担架，由 2～3 名救护人员将伤员平稳地移上担架仰卧。伤员应脚部在前，头部在后，以便后面抬担架的人员随时观察伤员的情况。抬担架的两人要错开左右脚，以保持担架平稳前进。如遇到要往高处抬或往低处走时，抬担架的两人应一个抬高，一个放低，以保持担架水平前进。

除此之外，脊柱伤的患者要注意用平板担架搬运，让患者采取仰卧位。搬运时要防止震动，上下担架时，应该采用两人或多人平抱法。

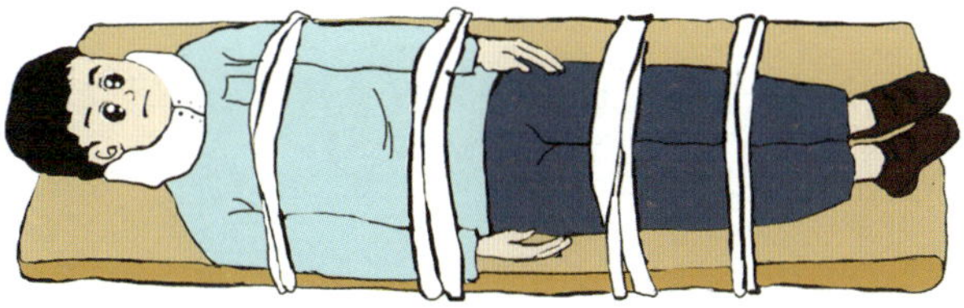

在没有担架，患者又不方便被徒手搬运的情况下，可以就地取材寻找简易的担架，如用椅子、门板、竹竿、梯子等代替。

11.4 假死急救

假死又称深度昏迷，是一种严重的昏迷状态，也是脑缺氧的结果。病人的呼吸和心跳极其微弱，往往被认为已经死亡。

11.4.1 假死的判别

病人是真死还是假死，可通过下列方法判别：

（1）用手指压迫病人的眼球，瞳孔变形，松开手指后，若瞳孔恢复，说明病人没有死亡。

（2）用纤细的鸡毛放在病人鼻孔前，或者用肥皂泡沫抹在病人鼻孔处，鸡毛飘动或气泡有变化，说明病人有呼吸。

（3）用绳扎结病人手指，若指端出现青紫肿胀，说明病人有血液循环。

11.4.2 假死的急救方法

11.4.2.1 立即开放气道

（1）呼救后，首先摆好体位，迅速将病人摆放成仰卧位，以便抢救。

（2）直接把病人放置在地面或者硬床板上，去掉枕头，解开衣服。

（3）翻身时应整体滚动，保护并固定颈部，身体平直而无扭曲。

（4）迅速打开口腔，检查有无分泌物、呕吐物、假牙及其他异物。若有，立即将病人的头侧向一边，用手指探入口腔内彻底清除，然后用徒手的方法开放气道，使病人的头往后仰并保持头后仰，解除舌根后坠。

11.4.2.2 快速判断有无呼吸心跳

1. 检查呼吸的方法

开放气道后，随即低下头，耳朵尽量凑近病人的鼻孔，判断有无自主呼吸。检查方法为一看（眼看胸部有起伏）、二听（耳听吸气气息声）、三感受（脸感受出气的气流拂面），在 5 秒钟内完成判断。

2. 检查心跳的方法

呼吸检查完毕，紧接着判断病人有无心跳，用 10 秒作出判断，必须争分夺秒抢时间。方法为 10 秒钟始终触摸病人颈动脉的搏动；同时在前 5 秒再次低下头检查呼吸；后 4 秒抬起头巡视四肢，看病人有无肢体抽动；最后 1 秒停留在病人的面部，检查有无咳嗽的反射。

若确定病人呼吸心跳停止，立即在第一现场、第一时间、由第一目击者实施心肺复苏术（CPR）。

11.4.3 心肺复苏术

心肺复苏术简单来说就是通过胸外心脏按压和口对口吹气使心脏骤停患者恢复心脏自主搏动和血液循环。

11.4.3.1 人工心肺复苏操作要点

第一步，识别和启动急救。

判断患者意识，双手轻拍患者肩膀，在耳侧呼唤患者，看是否有反应；求助，寻求周围人帮助，呼叫120，让人帮忙寻找并迅速取来附近的自动体外除颤器（AED）。

第二步，胸外按压30次。

用力快速胸外按压30次。让患者仰卧在平实的硬质平面上，头部与躯干处在同一平面。交叠双手，上身前倾，双臂伸直，垂直向下，用力并有节奏地按压30次。

判断患者心跳。若患者无呼吸或呼吸不正常（如喘息），同时用2～3根手指按压患者的颈动脉，若没有脉动，说明心脏骤停，需要马上开始心肺复苏。如果患者还有心跳和呼吸，心肺复苏反而会增加室颤的风险。

第三步，人工呼吸2次。

一手置于患者额部，向下压；另一只手放在患者下颌处，向上抬。注意，嘴角与耳垂连线与地面垂直。

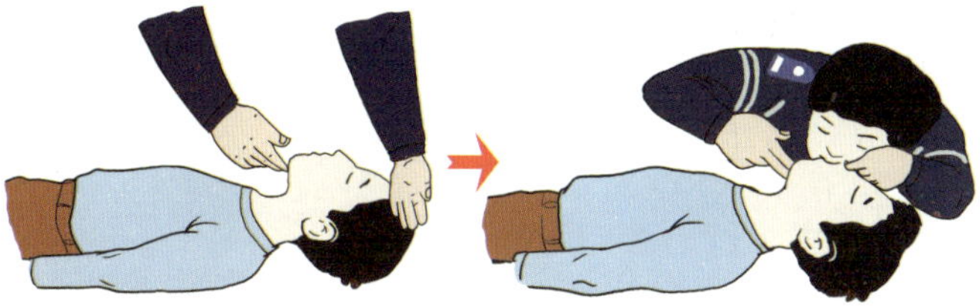

第四步，持续重复第三步加第二步，30次胸外按压+2次人工呼吸。

第五步，若出现以下情况，可停止CPR（心肺复苏）：

CPR生效时，患者恢复了心跳、自主呼吸和脉搏搏动，患者有反应或者呻吟；CPR无效时，持续超过30分钟的CPR后，患者的呼吸与脉搏都没有恢复正常，患者瞳孔散大固定。

11.4.3.2 心肺复苏（AED）操作要点

自动体外除颤器又称自动体外电击器、自动电击器、自动除颤器、心脏除颤器及傻瓜电击器等，是一种便携式的医疗设备，可以诊断特定的心律失常，并给予电击除颤，是可被非专业人员使用的用于抢救心脏骤停患者的医疗设备。若遇突发事件应急处置如下：

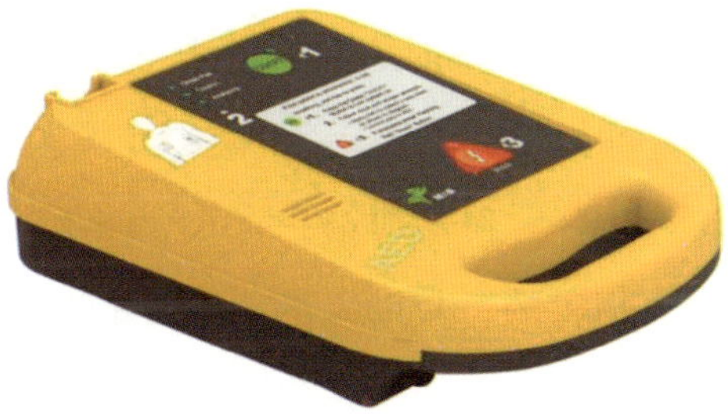

（1）发现有人倒地迅速拨打 120。

（2）轻拍呼唤判断有无反应，无反应迅速拿取 AED。检查呼吸（5 ~ 10 秒）如无正常呼吸，立刻实施 CPR（30 次胸外按压，2 次人工呼吸）。

（3）AED 到位，“一键”启动 AED，2 ~ 3 秒机器启动后，检测电极片连接状态。

（4）按下图示粘贴电极片。

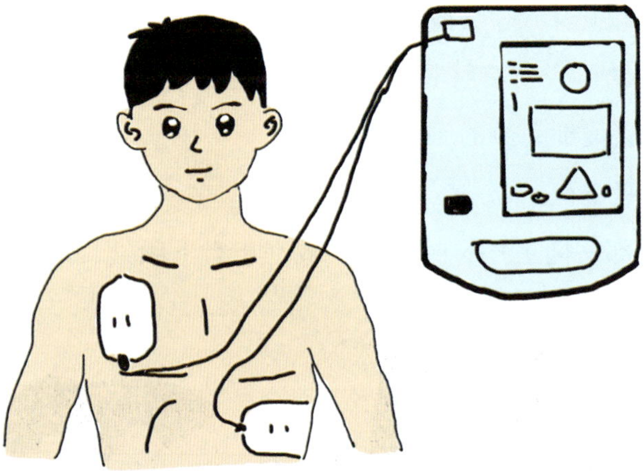

（5）AED 自动分析心率，按语音指示操作。

11.4.3.3 心肺复苏的注意事项

（1）胸外心脏按压要不间断进行。

（2）垂直用力向下，不要左右摆动。

（3）向下按压和放松时间均等。

（4）放松时手掌也不要离开胸壁。

（5）进行心肺复苏术后，患者瞳孔由大变小，对外界反应恢复，脑组织功能开始恢复（如患者挣扎、肌张力增强，有吞咽动作等），能自主呼吸，心跳恢复，发绀消退等，可认为心肺复苏成功。若经过约 30 分钟的心肺复苏术抢救，患者还没有出现以上反应，预示心肺复苏失败。如果有脉搏，收缩压保持在 60 毫米汞柱以上，瞳孔处于收缩状态，则应继续进行心肺复苏抢救。如患者深度意识不清，缺乏自主呼吸，瞳孔散大固定，则一般表明为脑死亡。心肺复苏持续一小时之后，心电活动不恢复，表示心脏死亡。当患者出现尸斑时，可放弃心肺复苏抢救。

关于人道主义救援的法律责任。民法典第一百八十四条对此明确做出回应，“因自愿实施紧急救助行为造成受助人损害的，救助人不承担民事责任”。这既是对生命的尊重，也是对救助人的保护。

11.5 烧伤与烫伤急救

烧伤是指各种热源（火焰、开水、热油、蒸汽、汽油、强酸、强碱、生石灰、磷、电灼等）作用于人体后，造成的特殊性损伤，人们习惯上把高温液体造成的损伤称为烫伤，其实这也属于烧伤。

11.5.1 烧伤的种类

根据致伤原因，烧伤可分为普通烧伤和特殊烧伤。普通烧伤也称为热力烧伤或热烧伤，是指高温物质对人造成的伤害，超过 45℃的热源即可引起皮肤烧伤。高温物质包括火、热气、热的液体和固体等。特殊烧伤往往不是由温度差异造成，它分为三类，即化学烧伤、电烧伤和放射性烧伤。化学烧伤指化学物质如酸、碱、磷及化学武器对人造成的伤害。电烧伤指电流通过人体时造成的烧伤。放射性烧伤指放射性物质，如 X 射线、核泄漏等造成的烧伤。

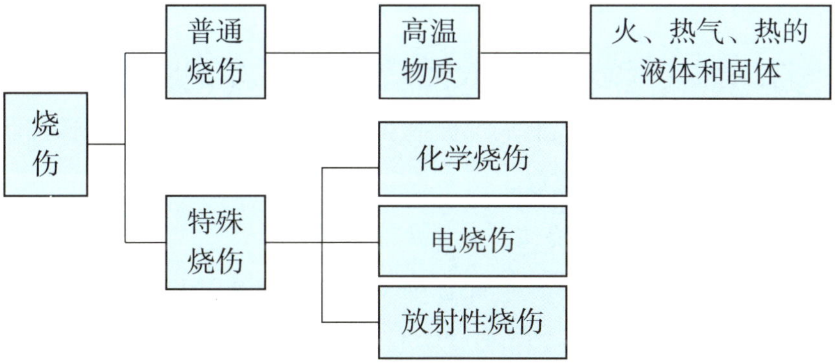

11.5.2 烧伤的现场判断

烧伤的严重程度，取决于烧伤面积、深度、部位、有无复合伤等因素，应将诸因素综合分析。

1. 烧伤面积的估算

烧伤面积的估算有好几种方法，如 9 分法。还有一种最简单的方法——手掌法：患者五指并拢，自己的单手掌面积即为全身面积的 1%，将烧伤的面积与患者的手掌面积对比，就能得知烧伤面积的大小。

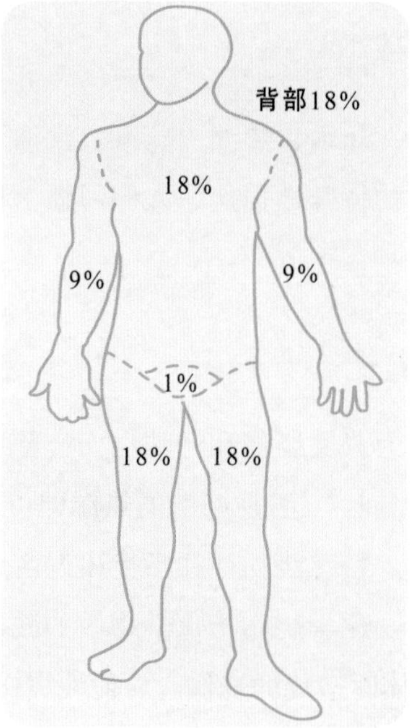

2. 烧伤的深度

医学上将烧伤深度分为 3 个度级。

1）一度烧伤：也称为红斑性烧伤，仅伤及表皮浅层。外观烧伤处皮肤发红、发热、微肿、表面干燥、无水疱，患者仅有局部微痛和烧灼感。一度烧伤的全部症状一般经过 2～3 天以后全部消退，皮肤不留瘢痕。

2）二度烧伤：也称为水疱性烧伤，分为两种类型。

（1）浅二度烧伤：伤及了表皮深层和真皮浅层，创面发生大水疱，患者感到伤处剧痛。如不发生感染，伤口可经过 7～10 天后痊愈，不留瘢痕。

（2）深二度烧伤：伤及真皮深层，创面水疱较小，患者仅感到轻度疼痛，一般经过 20～30 天后痊愈，皮肤可能留下瘢痕。

3）三度烧伤：也称为焦痂性烧伤，全层皮肤及皮下组织甚至肌肉、骨骼都受到伤害，患处苍白、焦黄或发黑（碳化），表面干燥或呈皮革样，无疼痛感。严重者需数月后经植皮方能愈合，而且会留下瘢痕，甚至造成畸形。

3. 烧伤严重程度的判断

综合上述因素，我国烧伤严重程度分类如下：轻度烧伤，总面积在 10%以下，深度不超过二度；中度烧伤，总面积在 10%～30%或三度烧伤面积在 10%以内；重度烧伤，总面积在 30%以上或三度烧伤面积在 10%～20%。有的患者的烧伤虽没有达到以上的面积和深度，但有下述情况之一者也属于重度烧伤：烧伤伴有其他复合伤、休克或中毒；吸入热气造成的呼吸道烧伤；深达骨骼、关节、内脏及头部、颈部及会阴部的烧伤。

11.5.3 烧伤的现场急救

在学校如果遇到大大小小的烧烫伤，应牢记急救五字决：冲脱泡盖送。

（1）一冲。轻度烧伤用清洁的流动冷水冲洗创面 20～30 分钟左右，直到刺痛火辣的感觉明显改善，水流不宜太急，冷水可以迅速降温，又清洁创面，减轻疼痛。如果是被强酸、强碱、生石灰灼伤了，立即用布擦除，用大量水彻底冲洗 20～30 分钟，防止烧烫伤进一步发展。

（2）二脱。在冷水中，将覆盖伤口表面的衣物小心去除，必要时用剪刀小心地剪开衣物，避免弄破水泡。如果衣服粘在创面上，要剪下附近的衣物，保留粘住的部分。

（3）三泡。冲水过后，应继续将伤口浸泡在冷水中 15～30 分钟，不能泡到的身体部位用沾满冷水的毛巾或纱布覆盖，大面积烧烫伤的患者，尤其是小孩和老人，应避免过长时间浸泡在冷水中，这会导致体温过低对身体造成伤害。

（4）四盖。按照上述处理后，用清洁干净的毛巾，或布单、纱布覆盖伤口。注意不要任意用涂抹外用药物、牙膏、酱油等土办法，这样会增加医生处理伤情的难度，而且会增加感染机会。

（5）五送。要尽快送到正规的医院进行治疗。注意勿用冰块冷敷、挑破伤口、涂药，粘连的衣服要沿伤口周围剪开。

11.6 中暑的救护

中暑是指由高温条件直接作用于人体而导致的健康伤害事件。中暑后轻者感到不适，重者甚至可以死亡，死亡率高达 60%以上。因此在炎热夏季预防中暑十分重要。

11.6.1 中暑的主要原因

1. 中暑的外因

室外高温度（＞32℃）或高湿度（＞60%），以及通风不良的环境下长时间作业，尤其是从事强体力劳动，是导致中暑的外因。可能导致机体损伤的温度与湿度值为：气温 31℃，相对湿度大于 85%；气温 38℃，相对湿度大于 50%；气温 40℃，相对湿度大于 30%。高温高湿环境是导致中暑的因素，此时患者无法把体内的热量散发出去，导致体温急剧升高，从而造成全身各个系统的损害。体温在 37℃时，每升高 1～2℃，人体内的酶活性将下降约 20%。高体温还可以导致神经递质周围的磷脂液化，使机体出现机能紊乱及脏器损伤。

2. 中暑的内因

婴儿、高龄、更年期、排卵期末、怀孕、肥胖、睡眠不足、饮水不够，患有发热、心脑血管疾病、甲状腺功能亢进、汗腺功能障碍等人群以及服用某些药物和化学品（如苯丙胺、利尿剂、抗抑郁药、酒精等）的人容易发生中暑。

有些中暑是“捂”出来的，如有的婴幼儿中暑是因保暖过度造成的，称为“婴儿捂热综合征”。还有运动性中暑，如在高温环境下进行强体力活动所导致的中暑。总之，如果体内产生的热大于排出的热，就极有可能发生中暑。

11.6.2 中暑的判断

判断中暑应根据发生中暑的外因、内因和患者出现的症状。根据患者的临床表现和病情的严重程度，医学上把中暑分成了以下三种类型。

1. 先兆中暑

易出现口渴、乏力、多汗、头晕、眼花、耳鸣、头痛、恶心、胸闷、心悸、注意力不集中等状况，体温正常或略高。

2. 轻症中暑

先兆中暑的症状加重，出现面色潮红或苍白、烦躁不安或表情淡漠、恶心呕吐、全身疲乏、心悸、大汗淋漓、皮肤湿冷、脉搏细速、血压偏低、动作不协调等，体温升高至38.5℃左右。

3. 重症中暑

（1）热痉挛。由于大量出汗，导致患者水、盐大量丢失，低钠造成了肌肉痉挛伴有疼痛，尤其以腓肠肌为特征，疼痛常呈对称性和阵发性。

（2）热衰竭。患者因脱水、电解质紊乱、周围循环容量不足而发生虚脱，发生短暂意识丧失。如病情得不到控制，可发展成为热射病。

（3）热射病。患者的调节机制失效，体温骤升，导致中枢神经系统和循环功能障碍。出现高热、无汗、神志障碍，体温高达 40～42℃以上。热射病中还有一种类型称为日射病，是烈日长时间直接照射患者头部，导致其中枢神经发生功能障碍。表现为头痛、头晕、恶心、呕吐，严重昏迷等。

当中暑患者的核心体温（肛温）达 41℃时，死亡率达 10%；当该温度达 42℃时，死亡率则升至 70%。临床判断中暑患者危险性的指标为，体温高于 39.2℃、心率大于 127次/分为热危险。

11.6.3 中暑的现场急救

抢救中暑患者最重要的措施是立即拨打急救电话 120，迅速降低患者体温。

1. 先兆中暑

立即将病人转移到阴凉、通风及温度较低的环境（如空调房等），口服淡盐开水或含盐清凉饮料，休息后即可恢复。

2. 轻症中暑

可采用冷敷、擦浴（同时扇风），并不断按摩患者四肢及躯干，促进循环散热。用装满冰块的塑料袋紧贴两侧颈动脉处及双侧腹股沟区等。

3. 重症中暑

（1）吸氧，积极采取快速降温措施。如将病人置于 24℃的环境中，给头部戴冰帽，颈部两侧、腋下、腹股沟大动脉附近放冰袋，冷水擦浴等。

（2）根据病情使用中枢性降温药物，以及积极治疗各种并发症等。

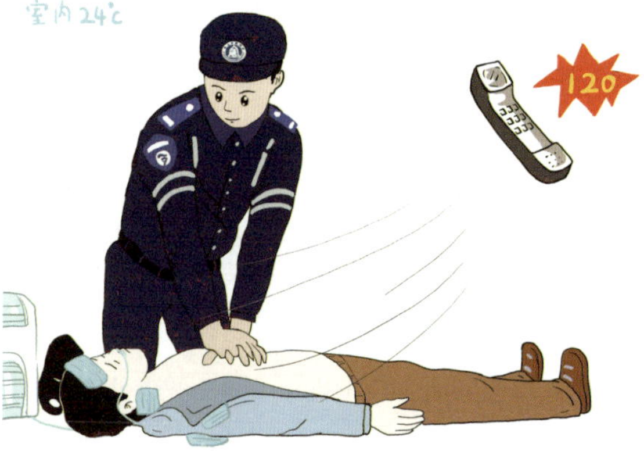

11.7 冻伤应急处置

冻伤是指冰点以下的低温作用于机体的局部或全身引起的损伤。当人长时间处在低温的环境下，人体热量不断丧失，当体内产热不足以补偿散热时，全身体温及局部温度就会显著下降，从而发生全身及局部的冻伤。较轻的低温损伤称为冻疮，常发生于距躯干较远的部位，如耳朵、鼻子、面颊、手及手指、脚及脚趾等部位。多数情况下冻疮是可逆性损伤，容易治疗。较重的全身性低温损伤称为冻僵，有生命危险。

11.7.1 患者表现

冻伤部位出现皮肤苍白及麻木感，复温后出现皮肤破溃。严重的冻伤可见肢体末端发白或发红，有局部肿胀，甚至出现指端肌肉萎缩、表皮发黑及溃疡、脉搏摸不到等。冻僵患者的体温（直肠温度）多低于 35℃，如未能得到及时治疗则有生命危险。

11.7.2 冻伤的预防

（1）外出时要穿好足够防寒衣物，戴上帽子、围巾、手套等保暖物品。

（2）加强膝关节、肘关节、腕关节和踝关节等部位的保暖防护。

（3）为防止冻伤，要经常观察皮肤，尤其是耳面部和手部等裸露部位，查看有无出现苍白、僵硬或失去知觉；并不时搓揉面部皮肤，伸展筋骨活动手足。

11.7.3 冻伤应急处置

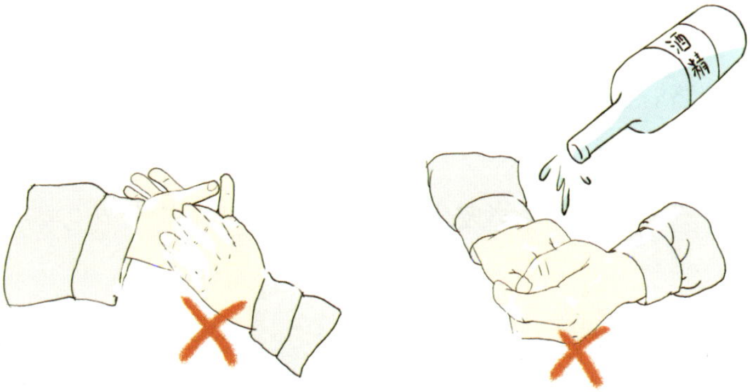

不可用雪搓，不可用辣椒面泡白酒外涂冻伤表面，不可用冷水浸泡。辣椒、白酒中含有刺激成分，会刺激冻伤的破溃面，加重冻伤症状。

发生冻伤后，首先要尽快脱离低温环境，用 40℃左右的温水浸泡肢体或全身，尽快让体温恢复正常。复温后多喝温水，多补充高蛋白食品。简单复温后，要第一时间将患者送到医院，由专业医生进行处置，以免耽误治疗引起严重后果。

11.8 触电救护

触电是电击伤的俗称，通常是指人体直接触及电源或高压电经过空气或其他导电介质传递电流通过人体时引起的组织损伤和功能障碍，重者发生心跳和呼吸骤停。超过 1000 伏的高压电还可引起灼伤，闪电损伤（雷击）属于高压电损伤范畴。触电急救的应急处置如下：

（1）不可直接用手、金属或潮湿的物件作为救护工具，必须使用适当的绝缘工具，最好一只手操作，以防自身触电。

（2）防止触电者脱离电源后可能的摔伤，特别是触电者在高处时，应采取防坠落措施。即使触电者在平地，也要注意触电者倒下的方向，注意防摔。

（3）如事故发生在夜里，应迅速解决临时照明问题，以便抢救，避免事故扩大。

（4）迅速脱离电源。如果电源开关离救护人员很近时，应该立即拉掉开关切断电源；当电源开关离救护人员较远时，可用绝缘手套或木棒将电源切断。如导线搭在触电者的身上或者压在身下时，可用干燥木棍及其他绝缘物体将电源线挑开。

（5）就地急救处理。当触电者脱离电源后，必须在现场就地抢救。当现场存在安全隐患时，需要把触电者抬到安全的地方进行抢救，但不能等到把触电者长途送往医院再进行抢救。

（6）准确使用急救方法。若触电者神志清醒，仅仅心慌、四肢麻木或者昏迷但未失去知觉，应让其安静休息，若已经昏迷失去知觉，则需要进行抢救。首先进行心前区叩击，连击 2 ~ 3 次，然后进行胸外心脏按压及口对口人工呼吸。具体操作见本章 11.4.3 心肺复苏技术。

（7）坚持抢救。坚持就是触电者复生的希望，百分之一的希望也要尽百分之百的努力。

11.9 溺水救护

溺水是指人淹没于水或其他液体介质中受到伤害的状况。水充满呼吸道和肺泡可引起缺氧窒息，吸收到血液循环的水可引起血液渗透压改变、电解质紊乱和组织损害，甚至造成呼吸停止和心脏停搏直至死亡。

11.9.1 溺水救护的自救措施

（1）溺水时，一定要保持冷静，自救是关键。不要手脚乱蹬拼命挣扎，可避免水草缠绕，节省体力。不胡乱挣扎，不要手臂上举，乱扑动，使身体在水中保持平衡。

（2）除呼救外，落水后立即屏住呼吸，踢掉双鞋，放松肢体，感觉开始上浮时，尽可能保持仰位，使头部后仰，使鼻部可露出水面呼吸，呼吸时尽量用嘴吸气、用鼻呼气，以防呛水。

（3）不要试图将整个头部伸出水面，水性不好的人溺水时很难将头伸出水面，反而更加紧张，不利于逃生。

（4）当溺水救助者出现时，不可惊慌失措去抓抱溺水救助者的手、腿、腰等部位，要听从救助者的指挥。

（5）会游泳者，若发生小腿抽筋，要保持镇静，采取仰泳位，用手将抽筋的腿的脚趾向背侧弯曲，可使痉挛松解，然后慢慢游向岸边。

11.9.2 溺水救护的互救应急处置

（1）发现溺水者后应尽快将其救出水面。

（2）施救者如不懂得水中施救或不了解现场水情，不可轻易下水，但可充分利用现场器材，如绳、竿、救生圈等救人。

（3）把溺水者救上岸后，将溺水者平放在地面，迅速撬开其口腔，清除其口腔和鼻腔异物，如淤泥、杂草等，使其呼吸道保持通畅。

（4）当溺水者无颈椎损伤时，可以采用仰头举颏法开放气道。

（5）当溺水者呼吸停止或极为微弱时，应立即实施人工呼吸法，必要时施行胸外心脏按压法。溺水者能否存活主要取决于溺水者是否可以迅速离开水面、溺水者是否得到了适当的复苏救援两个因素。

大多数溺水幸存者都是在现场得到了及时的施救，如现场接受心肺复苏等施救方式。如果未得到及时的救护，即便后续采用先进的生命支持手段，溺水者的生命也很难被挽救。因此，心肺复苏是抢救呼吸、心搏骤停溺水者的关键措施，抢救溺水者的心肺复苏操作应按照打开气道—人工呼吸—胸外按压的顺序进行。

11.9.3 溺水救护的注意事项

（1）因呼吸、心跳在短期恢复后还有可能再次停止，因此不要放弃人工呼吸，应一直坚持到专业救护人员到来。

（2）未成年人不宜下水救人，可采取报警（119、110）求助的方式。

（3）意识丧失者，应置于侧卧位，并注意为溺水者保暖。

（4）进行现场抢救的同时，尽快拨打 120 急救电话。

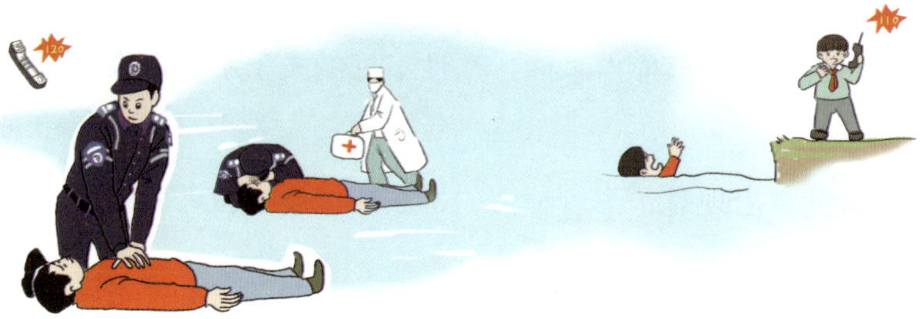

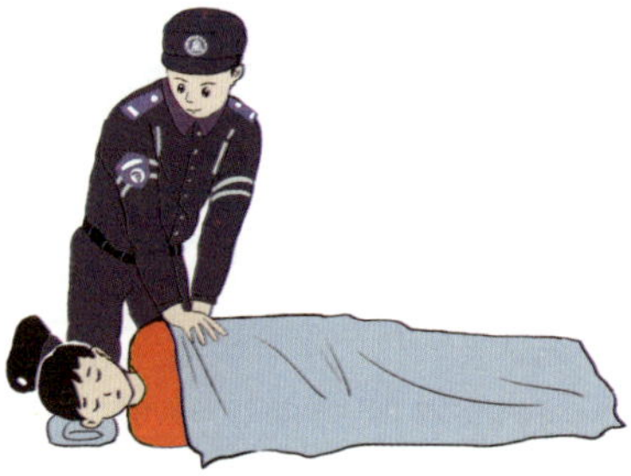

11.10 一氧化碳中毒的救护

一氧化碳中毒是指含碳物质燃烧不完全时的产物经呼吸道吸入人体引起中毒的状况。中毒机理是一氧化碳与血红蛋白的亲和力比氧与血红蛋白的亲和力高 200 ~ 300 倍，所以一氧化碳极易与血红蛋白结合，形成碳氧血红蛋白，使血红蛋白丧失携氧的能力和作用，造成组织窒息。一氧化碳对全身的组织细胞均有毒性作用，尤其对大脑皮质的影响最为严重。

11.10.1 一氧化碳中毒急救措施

（1）匍匐进入现场，立即打开门窗，关掉漏泄的煤气，同时拨打 120。

（2）移动病人到通风良好、空气新鲜的地方，注意保暖。

（3）让患者平卧，头侧向一边并松开患者衣扣和裤带。

（4）检查口鼻中是否有异物，保持呼吸道畅通。

（5）对昏迷不醒者用力掐人中穴。

（6）给病人盖上大衣或毛毯，按摩病人躯体，保持温暖。

（7）有条件的应立即给病人插入氧气袋或氧气瓶。

（8）如发现没有呼吸，应立即进行人工呼吸，并做胸部按压。

11.10.2 一氧化碳中毒注意事项

（1）打开门窗，保持通风，远离并且关闭煤气（天然气）源，尽快移动病人离开现场。

（2）进入室内之前应先确定安全再进屋。如有爆炸的危险应先避险，并拨打 110、119 报警。

（3）在中毒环境或空气不流通的情况下，禁止使用易产生明火、电火花的设备，如电灯、电话、手机、电视、燃气灶、手电筒、蜡烛等，防止一氧化碳浓度过高遇明火发生爆炸。

（4）轻度中毒患者一定要到医院进一步治疗，将一氧化碳完全排出体外。

（5）现场对中毒者的救助要坚持到急救医生来到现场，不要轻易放弃。

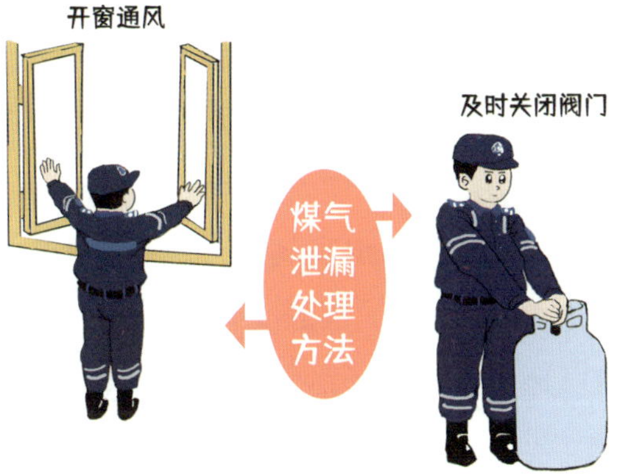

11.10.3 煤气中毒后期康复

（1）坚持早晨到公园或在阳台进行深呼吸运动、扩胸运动，如打太极拳，每天 30 分钟左右，轻、中度中毒者应连续晨练 7 ~ 14 天；重度中毒者可根据后遗症情况，连续晨练 3 ~ 6 个月，做五禽戏、铁布衫功、八段锦等运动。

（2）继续服用 21 金维他每天 1 ~ 2 粒，连服 7 ~ 14 天，或维生素 C 0.1 ~ 0.2 克，每天 3 次，亦可适量服用维生素 B1、B6，复合维生素 B 等。

（3）检查煤气使用情况，以防再次中毒。

11.11 冰雪运动的救护

2022 年北京冬奥会后，越来越多的人爱上了冰雪运动。但是作为一项具有刺激性、挑战性的户外运动，冰雪运动有一定的危险性，因此在享受运动快乐的同时仍然要注意自我保护，避免意外受伤。

11.11.1 冰上运动的安全防护

冰上运动的场地主要分为自然场地（户外冰场）和人工场地（室内冰场）。在户外冰场滑冰时要注意冰面的安全，避免在有冰窟窿、裂纹、裂缝的冰面滑行。户外滑冰时要注意保暖，由于冰鞋普遍较薄，保暖性相对较差，避免长时间滑行造成足部的冻伤。

在室内冰场滑行时，通常需要按照逆时针滑行，避免携带坚硬的物品，并建议佩戴轻薄的手套，防止冰刀割伤。滑冰时务必穿合脚的冰鞋，松紧度适宜，如果冰鞋较松，容易发生扭伤，严重时可发生踝关节的骨折。

11.11.2 雪上运动的安全防护

雪上运动近年来更加热门，相对于冰上运动，滑雪意外更为常见。为了避免雪上运动伤害，应注意以下几点：

（1）滑雪之前要先热身，要让身体温暖起来，做适当的拉伸运动十分重要，同时要注意激活核心肌群。

（2）必须选择符合自己能力水平的雪道，并遵守滑雪场所设立的标志，禁止滑入不开放的雪道和区域。

（3）避让前方（山下）的滑雪者，禁止冲坡速降，超越他人时必须选择不危及前方滑雪者的路线滑行。

（4）禁止阻碍滑行路线，不得在雪道中间、狭窄地段、视线受阻等处停留。不可在雪道中间休息逗留。当进入雪道交汇处时，要注意避让山上方正在滑行的其他滑雪者，不可形成阻挡。

（5）牢记雪场的救援电话，不管是“新手”还是“老手”还应当学习并遵守《国际雪联十大安全准则》，做到雪板未动，安全先行。

11.11.3 冰雪运动受伤后的应急处置

（1）出血。出血对于冰雪运动相对少见，但由于冰刀和雪板的板、刃都比较锋利，特殊情况下可能发生切割伤。为了避免损伤的发生，在雪场和冰场，无论气温多高，都建议佩戴手套、穿长衣长裤。如不慎发生切割伤，首先应当进行压迫止血。如果出血量较大，可能为较大的动脉或静脉发生损伤。如果在四肢部位，可以使用皮带或者魔术头巾等制作止血带，在损伤部位近端加压，直到出血得到控制。

（2）头颈部及脊柱的外伤。滑雪运动中头盔可以保命，必须佩戴；护甲可以减轻损伤，推荐穿戴。一旦发生损伤，要等待专业救援，若施救不当可能造成二次损伤。遵循十六字诀：头颈背痛，暂时别动，等待救援，避免加重。

（3）肋骨骨折。不论滑冰还是滑雪，手机尽量不要放在肋骨区域的兜中，摔倒后肋骨容易被手机硌骨折，易造成腹部脏器的损伤。若不确定自己有没有胸腹部的问题，可以尝试使劲儿咳嗽，咳嗽时如果存在疼痛不适的地方，可能提示该部位出现了外伤。

（4）骨盆和四肢损伤。骨盆和骶尾部的剧烈疼痛可能提示了骨盆存在骨折现象，严重的骨盆骨折临床上需要用骨盆带固定，在雪道上可应急用滑雪服当作骨盆带进行固定。将滑雪服展平，垫在臀部下方，两个袖子经过双侧股骨大粗隆的外侧，在前方打结，同时将双侧足部并拢，用魔术头巾固定。

肩部、大臂和肘部的外伤，也可以借助雪服，进行悬吊固定。前臂和腕关节的外伤，可以使用头盔和手套临时制动。下肢从髋关节到腿和踝关节的外伤都可以借助雪仗和护脸进行固定，固定的范围需要超过损伤部位上下的两个关节。

自救互救　生命呵护

12 交通安全

随着社会经济水平的不断提升，自行车（电动）、燃油汽车、高铁、飞机、轮船、地铁等交通运输工具逐渐走进人们的日常生活和工作中，多样化、差异化的交通出行方式使得工作和生活更加便利，但同时也能发现由于大学生交通安全意识不强、突发事件应急处置经验不足而引发的交通安全事故日渐增多，严重威胁大学生生命安全。

12.1 校园内交通安全

12.1.1 校园交通事故主要原因

（1）思想麻痹是校园交通事故的主要原因，部分同学认为校园内不需要注意交通安全，无须遵守交通规则。

（2）在校园道路上进行球类等违反交规的危险活动。

（3）部分同学们在校园内有很多不良的交通习惯，如单手骑车、“骑飞车”、行走时戴耳机、边走路边看手机（校园中最危险的行为）、不走人行通道等。

12.1.2 校园交通事故的防范措施

（1）提高交通安全意识，自觉遵守交通法规，守护自身和他人的生命安全。

（2）遵守基本的交通常识：行走人行道或靠右侧行走，横穿道路时应走人行横道或过街设施；车辆、行人均应当按照交通信号指示通行，遇有交通现场指挥时，应当按照交通指挥通行，如未设置交通信号灯，经过交叉路口时，应驻足或减速观察，确认安全后通行；不得在道路上使用滑板、旱冰鞋等滑行工具，不得在车行道内坐卧、停留、嬉闹；车辆驾驶人、乘坐人员应当按规定使用安全带，校园内驾驶车辆应严格遵守道路限速要求，严禁超速行驶。

12.2 城市道路交通安全

据国家统计局官网统计，2020 年全国交通事故发生数总计 244674 起，交通事故死亡人数共计 61703 人，虽然前有下降，但仍严重威胁人们的生命财产安全。

12.2.1 机动车事故的原因及预防

1. 机动车事故的原因

驾驶员是城市道路交通事故的主要致因，主要包括不按规定让行、疏忽大意、超速行驶、措施不当、违章转弯、违章穿行人行道、逆向行驶、违章变更车道、违章超车等几方面原因。此外，驾驶员饮酒、吸食毒品或误用精神类药物等引发的交通事故也占有一定的比例。

2. 机动车事故的预防

（1）认真学习道路安全相关法律法规，驾驶车辆在城市道路行驶时要严格遵守道路交通标志和道路交通指示信号的要求，严禁超速、杜绝违章，文明礼让行人和其他非机动车辆。

（2）行驶前检查确认车内安全设施（安全带、灭火器等）是否正常完好。要养成行驶前对机动车辆车况进行日常检查，包括但不限于胎压、发动机运转声音、刹车是否正常。行驶过程中提醒自己和车内所有乘客都要正确使用安全带。

（3）不要长时间在大货车车头两侧的盲区范围内行驶（即使打开转向灯、双闪灯对方也可能根本看不见）。如果在高速公路等可鸣笛路段，应长鸣喇叭，确认其没有并线意图、具备安全条件后迅速离开。

（4）跟车行驶时尽量与前车错开车位，确保能够看到前车及前方的动态。与前车保持三秒的安全距离，是避免追尾最基本、最实用的方法。

（5）行驶过程中经过道路交叉口、右转或行车条件发生变化时应注意周边环境，减速慢行。遇到施工围挡，为预防“鬼探头”事故的发生，在通过围挡尽头时应减速慢行，有必要时应停车观察。

（6）在夜间、暴雨等影响行车视线的环境中驾驶机动车辆时，应正确使用灯光（如雨雾天气开启示廓灯，夜间合理运用近远光），减速慢行，不超车或少超车，超车时应确保具备安全条件。

（7）行驶过程中遇到阳光刺眼时应借用遮阳板、偏光镜等减少对观察路况的视觉影响，并保持低速行驶。

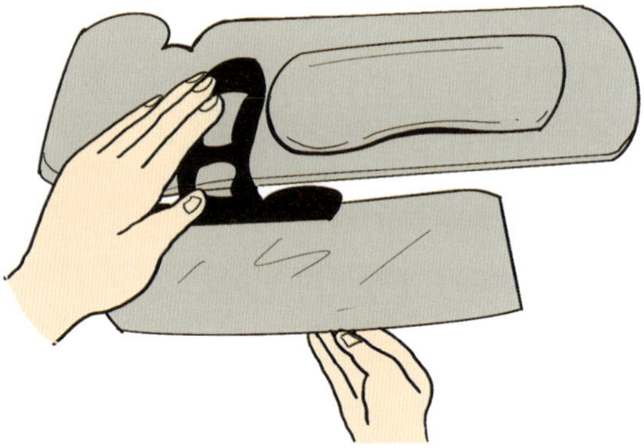

（8）对于儿童来说，车头、车尾、A 柱都是盲区，当发现车旁边的儿童从视线中消失之后，应立即停驶车辆，明确其位置不在危险区域后才可继续行驶。

（9）发生道路交通安全事故后，如车辆无法行驶，应在来车方向 150 米外设置警示标识，开启危险报警闪光灯（即“双闪”），远离事故现场，及时拨打报警电话等待救援。如有人员受伤，应采取必要的急救措施（如止血绷带），拨打 120 急救电话，叙述时应清楚的说明事故地点、人员伤亡情况及现状，并听从医务人员的指挥采取急救措施。

3. 车辆涉水交通事故的预防

近年来，由于城市暴雨、洪涝等极端天气的增多，时常发生车辆驶入低洼路段，因误判积水深度导致车辆熄火等事故。若存在侥幸心理，不及时逃离或采取有效措施开展自救，极有可能由于淹没车辆或无法打开车门逃生，从而威胁车内人员的安全，严重的会造成人员伤亡事故（如北京“7·21”暴雨、郑州“7·20”暴雨等）。

那么，我们应该如何预防与应对此类事故呢?

首先，出行前要及时关注气象部门发布的气象预警信息。汽车行驶途中，遇到积水路面时应减速或停车观察，确认安全后保持低速缓慢通行（自驾车速度过快或与大车逆向迎浪行驶也会增加汽车的实际过水深度，增加雨水通过排气管或其他部位进入发动机而导致车辆熄火的可能）。一般来说，水位达到保险杠或轮胎的三分之二处，涉水行驶就有一定的危险。

如遇驾驶车辆在水中熄火，不应二次启动发动机。而应在确保自身安全前提下尽快采取救援措施将车辆拖牵到安全地点。

车辆遭遇暴雨或低洼处泡水熄火，我们又当如何应急呢?

首先要切记，自救是保证生命安全的首选行为。车辆熄火初期是逃生自救的黄金时期，第一时间要在电源未切断前迅速打开门窗及天窗，打开电子门锁，快速解开安全带，仔细观察车外水流速度、水深，正确判断行走方向及路线，随时准备弃车逃生。当水位已经到达车门把手位置时，要想尽办法破窗逃生，由于汽车电路系统短路，导致电动车窗无法下降、门锁自动上锁，水压也会导致车门无法开启，这时要利用在车上存放的安全锤、头枕金属杆、车载灭火器或高跟鞋跟等砸、插两侧的车窗的边角位置（车窗玻璃的中部是最为坚硬的部位）。车辆涉水较深，水位已达反光镜左右的位置，此时受外界水压影响，打开车门比较困难，但如果力量运用合理也可以将车门打开，前提是不能猛烈撞击车门，要背对车门，用后背将车门缓慢顶开，让车外的积水慢慢流进车内（减小车门内外压差），然后迅速离开车辆撤离至安全区域。

4. 车辆隧道火灾事故的处置

在隧道中车辆行驶方向的右侧，每 50 米设有 1 处消防栓箱；每 250 米处设有紧急电话亭，可与监控中心一键通话求助；每 250 ~ 500 米处设有一个通向对向车道隧道的人行横向通道；每 750 米处设有一个通向对向车道隧道的汽车应急通道；隧道两侧均有高出道路基面（50 厘米）、与隧道同长的检修人行道。

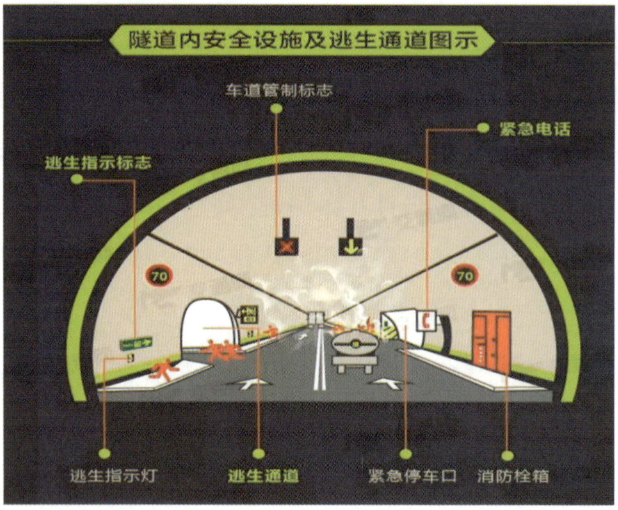

（1）火灾发生后，公路隧道监控中心会启动逃生应急预案，广播逃生引导，指导车辆及人员疏散，隧道内电子屏都会有相应的指示，工作人员也会在第一时间抵达火灾现场。应遵循广播及工作人员的指挥及引导，不要观望，不要惊慌、防止拥挤踩踏，有序快速撤离隧道。

（2）隧道内火灾地点后方车辆不能驶入车行应急通道，或因车辆堵塞难以驶出，应熄火下车，打开车窗，车辆钥匙放于车内（以便消防人员挪动车辆），快速撤离；隧道内车辆或物品燃烧时会在短时间内产生大量有毒有害气体，下车后用湿毛巾（衣物）捂住口鼻，弯腰、低头，按照隧道壁两侧安全疏散标志，烟雾流动方向的反方向，就近撤离至人行横向应急通道，或沿检修通道安全有序撤离。

（3）自驾车辆遇火灾且距出口较近时，在保证安全的前提下应尽快驶离隧道，停靠在隧道外安全位置，熄火后迅速下车，取出车载灭火器进行灭火；若距离出口较远无法快速驶出，应尽量将车辆紧急停靠在最近的港湾式停车带，利用车载或隧道内的灭火器具进行灭火。

（4）对于行驶困难的车辆，尽量利用车辆惯性滑行到隧道一侧，打开危险报警闪光灯（双闪），利用消防器具进行灭火。

（5）无论何时，同车人或本人都要迅速拨打高速公路报警电话 12122 或火警 119，并根据身边隧道里程指示标识，告知火灾车辆具体位置及相关信息。

（6）当火情发生在自驾车辆行驶方向的后方时，在保证安全的情况下快速驶出隧道；当火情发生在车辆行驶方向的前方时，尽量保持距前车的最大距离，打开车辆危险报警闪光灯，如果能够看到距离本车较近的车行应急通道（标识），在能够保证安全撤离的情况下应借道、有序尽快驶出。

12.2.2 行人和非机动车事故的原因与预防

1. 行人和非机动车交通事故的原因

行人和非机动车（包括自行车、三轮车、人力车、残疾人专用车和助动车等）交通事故的主要原因包括以几方面：

（1）行人无视交通法律法规。为争抢一分一秒，不惜冒险闯红灯、跨隔离带，走在机动车道上或在机动车间随意穿行，忽视驾驶员和机动车刹车避让的安全距离。

（2）交通安全意识不强。“凑够一撮人就通行”和“低头族”是造成交通事故的又一原因。事故是两方面共同造成的结果，行人应该遵守相关法律法规，加强交通意识，掌握交通安全知识，约束自我行为。要对家庭负责，对亲人负责，对社会负责。

应摒弃“弱势群体”招牌下的肆意横行、藐视司机的交通行为。《中华人民共和国道路交通安全法》中虽规定机动车遇行人时应当减速避让，充分保护行人处于弱势群体的位置。但是，和谐社会、交通安全、文明礼让也需要大家共同去维护和践行，应把“安全”的主动权握在自己手上。

2. 行人和非机动车事故的预防

行人应当在道路交通中自觉遵守道路交通管理法规，增强自我保护和现代交通意识，从以下几个方面加强自身行为管理。走人行道，无人行道的路面靠右行走；横过车行道时须走人行横道，不要追逐猛跑；路口通行须注意周边车辆；穿越道路应走过街天桥或地道，没有时，须看清情况，不要在车辆临近时突然横穿。

非机动车驾驶人应自觉遵守道路交通管理法规，文明骑车，坚持做到“十不要”，即不要闯红灯；不要在禁行道路、路段或机动车道内骑车；不要在人行道上骑车；不要在市区或城镇道路上骑车带人；不要双手离把或攀扶其他车辆或手中持物；不要牵引车辆或被其他车辆牵引；不要二车之间人相扶身并行、互相追逐或曲折行驶；不要争道抢行，急转猛拐；不要饮酒后骑车；不要擅自在非机动车上安装电动机。

12.3 航空交通安全

当今社会，飞机已成为人们出行常选择的交通工具。虽然航空事故发生率远低于汽车、火车等交通工具，但一旦发生事故同样会造成较严重的后果，因此，掌握必要的飞行安全常识十分重要。

12.3.1 航空事故常见原因

（1）恶劣天气。

（2）电磁波干扰。

（3）飞鸟撞击等意外事故。

（4）机械故障或其他原因。

12.3.2 乘机安全常识

（1）选择出发地、目的地天气较好的时段出行，如可能遭受台风、暴雨等气候，建议暂时取消出行计划或改变出行交通工具。

（2）穿着适宜乘机的服装（如女性尽量不穿高跟鞋），不要随身携带尖锐物件。

（3）仔细阅读安全手册，认真倾听乘务员的安全讲解。如选择安全出口就座，还应了解掌握如何协助乘务员开启安全门的方法与步骤（正常飞行时切勿触碰相关部件）。

（4）起飞前应将手机关机或调整为飞行模式，飞行全程应系紧安全带。

12.3.3 飞机迫降

如所乘航班需要紧急迫降，务必保持冷静，按照乘务员的提示采取防冲击姿势。飞机成功落地后，听从指挥，解开安全带，快速、有序离开飞机（疏散时一定要听从空乘人员的组织）。如选择安全出口就座，应协助乘务员在落地后开启安全门。

12.4 水上交通安全

水上出行包括海上出行和内陆江河湖面出行，交通工具主要包括渡轮和游船等。船舶在水上航行，由于可能遭遇恶劣的气象、海况及其他水上风险、船舶结构和设备缺陷、装载货物移动、人员过失等因素，存在着威胁人身、船舶和财产安全的情况。

水上交通事故具有极大的危险性和紧急性，事故发生的地点多集中在内河或海域，发生在恶劣气象条件下的事故救援和处理难度大，危险程度高。

12.4.1 常见救生设备

每一艘客船上都配备有救生设备，登船后应了解这些设备的所在位置，便于出现紧急情况时更快找到相关设备，常见救生设备设施主要包括救生衣、保温救生服、救生圈、自亮浮灯、救生艇等。此外，为了便于及时地获得援救，船上也配备了大量先进的遇险通信工具，如手持式高频无线电话、指示位置的无线电应急示位标、便于雷达识别发现的雷达应答器等。

12.4.2 乘船遭遇意外的应急处置

出行前，务必关注当地气象部门发布的天气情况，如遇台风、暴雨等不适宜乘船的情形，应及时更换出行方式或取消行程。若出行过程中不幸遭遇意外，应听从管理人员指挥，有序展开自救互救行动。

（1）登船后，首先应了解救生衣、救生艇、救生筏等救生用具的存放位置，掌握救生设备的使用方法，熟悉周围的环境，牢记客船的出入口及通往甲板的路线。

（2）在前往甲板的途中，乘客最好不要乘坐电梯，并应注意防止两侧高处掉落物体砸伤自己。如果遇到黄色的救生包，应一同携带（可浮在海面上，包内装有紧急无线电定位器等设备）。

（3）一般来说，等待救援要高于跳船存活率。等待救援时应就地寻找充饥食物，海上漂浮时谨记不要喝海水。

12.5 城市轨道交通安全

地铁是城市交通出行的首选方式，具有短时人流大、地下通道狭窄、空间密闭等特点，一旦发生突发情况，易造成人群恐慌，进而引发踩踏等群死群伤事故，严重威胁人民生命安全。

12.5.1 地铁常见突发事件

1. 地铁车站（厢）火灾

进入地铁后，应仔细对其内部设施和结构布局进行观察，熟记疏散通道、安全出口及相关消防设施的位置，以便事故发生后快速反应。

车站候车发生火灾时，应立即大声呼救，并及时通知相关工作人员（或快速按下站内设置的火灾报警按钮），在车站工作人员的指引下迅速撤离。

如遇列车在行驶过程发生火灾，首先应利用车内布置的紧急通话按钮（一般位于车厢中部车门位置）通知列车司机。在保证自身安全的情况下，使用列车座位底下的手持灭火器进行灭火。要遵从列车司机或车站员工的广播指引，尽快离开车厢，切忌围观、逗留或者妨碍工作人员救火。

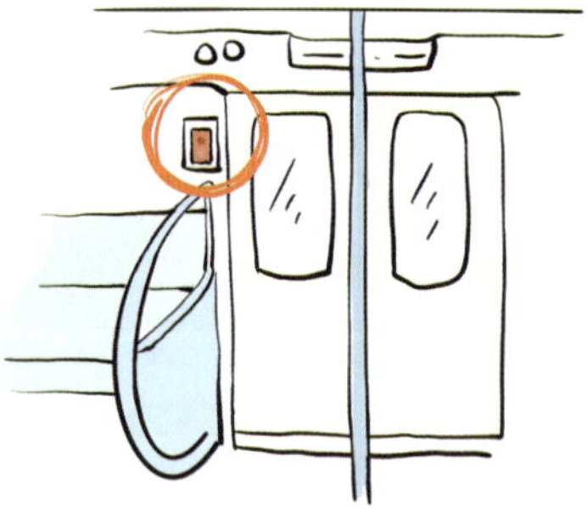

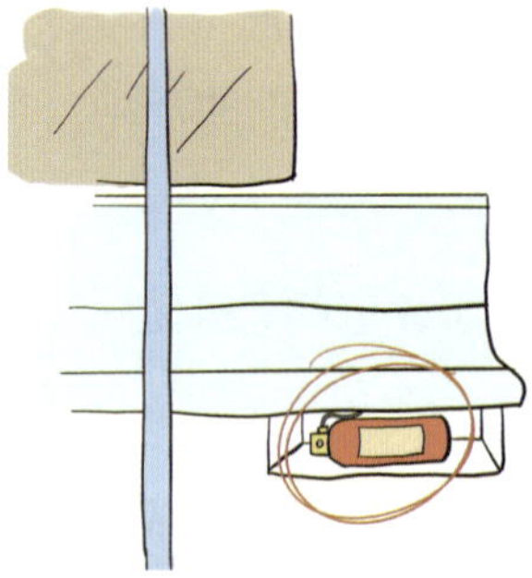

疏散撤离时要遵从车站广播和有关指示标识指引，从最近的楼梯前往地面。特殊情况下要在隧道内疏散时，应留意广播并遵从有关指引，勿拥挤、踩踏。要在工作人员的指导下到达车站站台，勿在隧道内随意走动。此外，火灾逃生时应采取低姿势前进，尽量用湿毛巾或其他衣物捂住口鼻，逆风前进，尽快撤离到地面或其他安全区域。

2. 物品掉落轨行区

乘车过程中如发生随身物品不慎落入轨行区等情况，应及时告知站台、列车安全人员帮助捡拾，切勿自行处理。擅闯轨行区或不当使用应急装置不仅会因影响地铁正常运营，承担相应法律责任，还会危及乘客的生命安全。

3. 地铁隧道积水

2021 年 7 月 20 日，郑州地铁 5 号线因遭遇特大暴雨侵袭致使一辆列车迫停在隧道内，事故造成 12 名乘客死亡。随着极端天气事件的增加，暴雨、洪水等涌入地铁区间致使人员伤亡的事件呈现多发、频发的态势。

12.5.2 地铁常见突发事件处置

（1）出行前应关注所在地气象部门发布的天气预警，如遇暴雨等极端天气，尽量不选择出行。

（2）行程中如遇地铁积水致使车辆无法行驶，应听从列车管理人员、列车安保人员指挥，在开启列车门后，顺序依次下车，沿紧急逃生通道疏散，疏散过程切勿拥挤，以免发生踩踏事故。

（3）当暂时无法疏散时，应选择站立在座椅或其他较高且安全的位置，等待列车工作人员或专业人员的救援。

12.6 铁路交通安全

12.6.1 候车安全常识

（1）在站台安全黄线外排队候车，防止人与列车之间因空气流速变快、压强变小，在压力差的作用下被“吸”向火车，从而引发交通事故。

（2）不得自行捡拾掉入轨行区的物品，而应及时告知站台、列车工作人员进行专业处置。

（3）候车时注意财产安全，在站台候车及上车时不应拥挤，防止有不法人员趁机实施盗窃。

（4）切勿向进站或过站列车投扔杂物。

（5）切勿饮用陌生人员提供的饮料、食品。

12.6.2 乘车安全常识

（1）严禁携带易燃易爆等危险物品乘车。

（2）车辆行驶途中应注意拧紧放置在小桌板上的茶杯、水杯的杯盖，以免热水洒落烫伤自己和他人，切勿饮食陌生人员饮料、食品。

（3）谨慎陌生人热心聊天与相助，加微信好友，赢利项目推介等。

（4）高铁内吸烟会触发防火烟雾报警装置报警，导致列车自动降速或停车，紧急情况下的临时停车将严重影响列车安全，属于严重违法行为，因此，切勿在高铁卫生间或其他部位吸烟。

（5）在车上要将行李平稳、牢靠地放在行李架上，以免掉落伤人。

低头不看路+戴耳机+玩手机=危险

13 国内外先进救援技术及装备

应急救援技术和装备是应对突发事件的基础和保障，特别是对于复杂的事故灾难和严重的自然灾害，其应急救援工作更离不开先进的救援技术和装备。2015年10月20日，国家安全生产应急救援指挥中心发布了《关于印发安全生产应急救援关键技术及装备难题目录的通知》(应指技装〔2015〕37 号)，旨在积极汇集各方智力资源，聚力攻关应急救援技术装备难点，提升安全生产应急救援技术及装备水平。经过多年的努力和攻关，我国成功研发了无人机搜救技术、高频救援破拆工具、钻孔救援技术及装备等先进适用技术装备。

13.1 生命探测技术及装备

生命探测技术在应急救援、反恐、军事等领域均得到了广泛的应用。雷达式生命探测技术因其具有非接触、穿透力强、能精确定位探测的特点，成为目前最具活力和潜力的生命探测技术之一。2004 年我国研制出首台线性连续波雷达式生命探测仪；2005 年我国研制出首台警用隔墙探人雷达；2006 年我国研制出用于搜救的超宽谱生命探测雷达，通过了国家消防装备质量监督检验中心的检测，使我国成为具有自主知识产权、可自主研制该类生命探测仪的国家之一。该仪器在2008年“5·12”汶川大地震成功营救北川曲山小学5位幸存者的过程中发挥了重要作用。

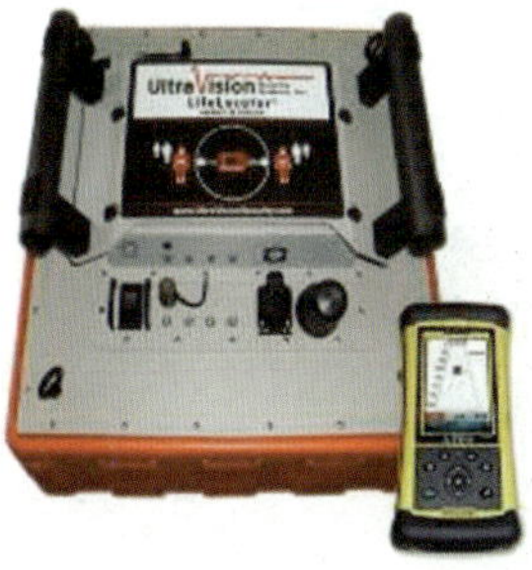

13.2 无人机搜救技术

随着无人机技术的日趋成熟和航空摄影技术的进一步发展，我国民用无人机应用领域日益广泛，包括摄影测量、应急救灾、公共安全、资源勘探、环境监测、自然灾害监测与评估、城市规划与市政管理、林火病虫害防护与监测等。

除航拍灾情以外，目前无人机技术还可实现挂载多种载荷模块，成为移动的通信基站，还具备灾后运输、投放物资、喊话等救援功能。

无人机在应对自然灾害过程中主要应用于三个方面：实时监视、灾后搜救和灾情评估。机型主要是中小型短近程，更适于在突发事件救援中使用。

13.3 消防侦察灭火机器人

消防侦察灭火机器人主要由履带底盘车、消防水炮、有毒有害气体探测器、红外热成像云台摄像机、喷淋降温系统、便携式遥控器等组成，集防爆、智能控制、侦察、灭火、动态构图、自主避障等多种消防救援功能于一体。主要用于油品、石化、燃气等易爆环境火灾救援，可代替消防员进入高温、易爆、缺氧、浓烟、有毒等复杂环境中开展火源认定，自主规划路线并协助消防队伍完成灭火任务。

13.4 液压破拆工具组

在各种救援设备中，以液压为动力的破拆设备占有很大比例，如切断器、剪切器、扩张器、开门器、缝隙扩大器等。液压破拆工具组主要应用于建筑物坍塌、交通事故救援和地震灾害救援等。

13.5 高频救援破拆工具

高频救援破拆工具的成功研制，使钢筋混凝土破拆得到了最优解决方案，为建筑物坍塌事故现场救援工作提供了重要保障。该工具可在密闭、狭小空间内破拆，噪音低，适合长时间、连续破拆的救援。

13.6 应急动力舟桥

应急动力舟桥是目前国内最为先进的水上救援装备之一，可实现快速架设浮桥和结合漕渡门桥组合成各种形式的浮式结构，有效解决涉水抢险难题。常用于在紧急或非正常状态时，快速架设通道，克服江河湖泊等障碍，保障大型装备和人员通行，有效解决涉水抢险难题，俗称“水上救援航母”。动力舟桥通常由河中舟及岸边舟组成，具有自带动力、架设快速、机动灵活等特点，既是转移灾区群众的“方舟”，又是运送重型救援装备的“大桥”。

目前有两种作业模式，一种是多个河中舟和两个岸边舟连在一起，形成带式浮桥。

另外一种是将若干河中舟和岸边舟拼接组合，作为漕渡门桥使用，起到渡船的作用。

13.7 城市大功率排水救援抢险设备

“龙吸水”作为一种城市大功率排水抢险救援设备，是目前国内最先进的一款应急排水和供水抢险救灾设备，具有排水能力强（排水量约为常规最大 55 千瓦水泵排水量的 15 倍）、自动化水平高、操作简单、占地少等优点，可广泛应用于地铁站、狭小道路、涵洞隧道、地下车库、水库排险等低矮环境下的应急排水。在近年发生的北京“7·21”特大暴雨、郑州“7·20”特大暴雨等城市洪涝灾害事故抢险救援中，展现出了极大的优势，为城市防汛抗涝提供了新的解决方案。

13.8 水上救生遥控机器人

众所周知，水上救援是一项突发性强、技术要求高、救援难度大、危险性高的救援项目，受救生员个人技能、落水人数、水域环境等多因素的影响。

水上救生遥控机器人多采用 U 型外观设计，具有优越的抗风、抗浪性能、一次救援人数多（最多可同时救起 4 名落水者）等优点。此外，在救援过程中能够有效解决救生人员的安全隐患问题，如溺水者过度恐慌挣扎，导致施救者因经验不足或体力不支而引发伤亡，为落水者争取更多的抢救时间，增加生还概率。

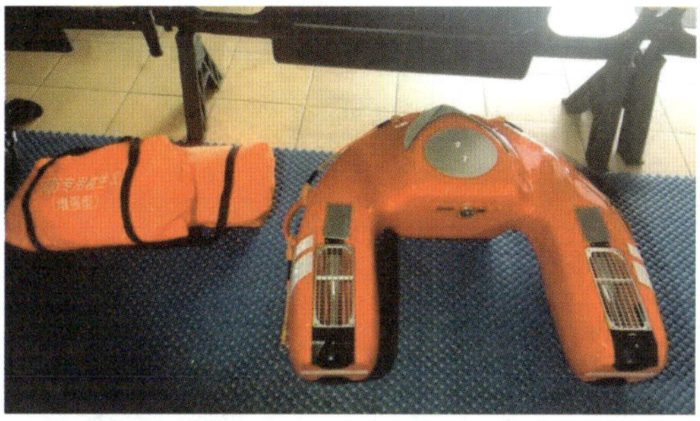

13.9 矿用全液压坑道钻机

矿用全液压坑道钻机可用于矿井救援时施工侦查孔、给养孔、排水孔和灭火孔等的快速钻孔。ZDY650 型煤矿用全液压坑道钻机是国家矿山应急救援队的主战装备之一，主要利用硬质合金钻头进行钻进，也可利用冲击器进行冲击回转钻进。通过钻进侦查孔，向井下事故区域施工钻孔；通过相关探测装置，探测井下生命和环境参数（温度、氧含量、甲烷浓度、CO 等），以指导后续救援工作；通过给养孔向人员被困区域施工，为被困人员通风供氧和供应食物；通过钻排水孔，对巷道进行排水或钻孔疏排；通过钻灭火孔向火灾区注氮气，降低井下火灾区域氧气含量，达到扑灭火灾目的。

ZDY650 型矿用全液压坑道钻机

13.10 钻孔救援技术及装备

矿山发生重大灾害事故时，井下巷道和装备会被严重破坏，人员被困。应急救援装备和各种钻孔机具是打通安全通道，抢救被困人员最为有效的装备，同时也是抢夺救护时间、挽救人员生命的重要手段。

典型案例 1：2010 年 8 月 5 日 14 时，智利圣何塞铜矿井下 510 米处发生塌方，33 名矿工被困井下 700 米处。经过 69 天的积极营救，10 月 13 日 21 时 55 分被困矿工全部升井获救，创造了世界奇迹。本次救援运用了世界上最先进的救援技术和装备，为成功施救提供了保障。A、B、C 三套计划（方案）分别使用了澳大利亚的 Strata 950 大型钻机、美国的 Schramm T-130 重型钻机、加拿大的 RIG-422 石油勘探钻机等先进技术装备，聘请具有成功钻孔救援经验的美国钻机技术人员现场指导，实现了 625 米深度大直径钻孔精准定位，这在各国救援中是第一次。

Strata 950 大型钻机

典型案例 2：2015 年 12 月 25 日 7 时 56 分，山东省临沂市平邑县万庄石膏矿区发生坍塌事故，玉荣商贸有限公司玉荣石膏矿 29 名作业人员被困井下。事故发生后，山东省临沂市政府迅速成立事故救援指挥部，组织抢险救援。经过 36 天昼夜不停地艰苦救援，克服重重困难，截至 2016 年 1 月 29 日，先后成功营救 15 名井下被困矿工。此次救援是我国首例大直径救生钻孔成功救援案例，也是世界第三例，在矿山救援史上具有里程碑意义。

目前，德国宝峨机械设备有限公司（中国）生产的 RB-T90 大口径救生钻机是一种拖车式全液压大口径深井钻机，也是国家矿山应急救援队主战装备之一，适用于采空区、溶洞或裂隙发育地层中钻进、巷道上方大孔径钻孔、矿山救援逃生井钻进、定向井钻进、大口径水井钻进、矿山救援生命通道孔钻进、大体积取样钻进等。

RB-T90 大口径救生钻机

科技改变世界　创新成就未来

附录一　常用法律法规及政策简介

一、《中华人民共和国突发事件应对法》

《中华人民共和国突发事件应对法》于2007年8月30日经第十届全国人大常委会第二十九次会议通过，自2007年11月1日起施行。

《中华人民共和国突发事件应对法》共七章70条：第一章总则，16条；第二章预防与应急准备，20条；第三章监测与预警，11条；第四章应急处置与救援，10条；第五章事后恢复与重建，5条；第六章法律责任，6条；第七章附则，2条。

摘录如下：

第一条　为了预防和减少突发事件的发生，控制、减轻和消除突发事件引起的严重社会危害，规范突发事件应对活动，保护人民生命财产安全，维护国家安全、公共安全、环境安全和社会秩序，制定本法。

第二条　突发事件的预防与应急准备、监测与预警、应急处置与救援、事后恢复与重建等应对活动，适用本法。

第三条　本法所称突发事件，是指突然发生，造成或者可能造成严重社会危害，需要采取应急处置措施予以应对的自然灾害、事故灾难、公共卫生事件和社会安全事件。

按照社会危害程度、影响范围等因素，自然灾害、事故灾难、公共卫生事件分为特别重大、重大、较大和一般四级。法律、行政法规或者国务院另有规定的，从其规定。

突发事件的分级标准由国务院或者国务院确定的部门制定。

第六条　国家建立有效的社会动员机制，增强全民的公共安全和防范风险的意识，提高全社会的避险救助能力。

第十一条　有关人民政府及其部门采取的应对突发事件的措施，应当与突发事件可能造成的社会危害的性质、程度和范围相适应；有多种措施可供选择的，应当选择有利于最大程度地保护公民、法人和其他组织权益的措施。

公民、法人和其他组织有义务参与突发事件应对工作。

第十二条 有关人民政府及其部门为应对突发事件，可以征用单位和个人的财产。被征用的财产在使用完毕或者突发事件应急处置工作结束后，应当及时返还。财产被征用或者征用后毁损、灭失的，应当给予补偿。

第二十九条 新闻媒体应当无偿开展突发事件预防与应急、自救与互救知识的公益宣传。

第三十条 各级各类学校应当把应急知识教育纳入教学内容，对学生进行应急知识教育，培养学生的安全意识和自救与互救能力。

第三十四条 国家鼓励公民、法人和其他组织为人民政府应对突发事件工作提供物资、资金、技术支持和捐赠。

第三十五条 国家发展保险事业，建立国家财政支持的巨灾风险保险体系，并鼓励单位和公民参加保险。

第三十六条 国家鼓励、扶持具备相应条件的教学科研机构培养应急管理专门人才，鼓励、扶持教学科研机构和有关企业研究开发用于突发事件预防、监测、预警、应急处置与救援的新技术、新设备和新工具。

第三十八条 获悉突发事件信息的公民、法人或者其他组织，应当立即向所在地人民政府有关主管部或者指定的专业机构报告。

第四十二条 国家建立健全突发事件预警制度。

可以预警的自然灾害、事故灾难和公共卫生事件的预警级别，按照突发事件发生的紧急程度、发展势态和可能造成的危害程度分为一级、二级、三级和四级，分别用红色、橙色、黄色和蓝色标示，一级为最高级别。

预警级别的划分标准由国务院或者国务院确定的部门制定。

第五十一条 发生突发事件，严重影响国民经济正常运行时，国务院或者国务院授权的有关主管部门可以采取保障、控制等必要的应急措施，保障人民群众的基本生活需要，最大限度地减轻突发事件的影响。

第五十四条 任何单位和个人不得编造、传播有关突发事件事态发展或者应急处置工作的虚假信息。

第五十七条 突发事件发生地的公民应当服从人民政府、居民委员会、村民委员会或者所属单位的指挥和安排，配合人民政府采取的应急处置措施，积极参加应急救援工作，协助维护社会秩序。

第六十一条　公民参加应急救援工作或者协助维护社会秩序期间，其在本单位的工资待遇和福利不变；表现突出、成绩显著的，由县级以上人民政府给予表彰或者奖励。县级以上人民政府对在应急救援工作中伤亡的人员依法给予抚恤。

第六十六条　单位或者个人违反本法规定，不服从所在地人民政府及其有关部门发布的决定、命令或者不配合其依法采取的措施，构成违反治安管理行为的，由公安机关依法给予处罚。

第六十七条　单位或者个人违反本法规定，导致突发事件发生或者危害扩大，给他人人身、财产造成损害的，应当依法承担民事责任。

需要说明的是，2021 年 12 月 20 日至 24 日，第十三届全国人大常委会第三十二次会议在北京召开，会议对《中华人民共和国突发事件应对管理法（草案）》（关于修订突发事件应对法的议案）进行了审议。目前正向社会公众征集意见，待正式发布后，本部分内容以《中华人民共和国突发事件应对管理法》的规定为准。

二、《中华人民共和国安全生产法》

《中华人民共和国安全生产法》于 2002 年 6 月 29 日第九届全国人大常委会第二十八次会议通过，自 2002 年 11 月 1 日开始施行，于 2009 年、2014 年、2021 年先后修正了三次，现行《中华人民共和国安全生产法》于 2021 年 6 月 10 日经第十三届全国人大常委会第二十九次会议审议通过，并于 2021 年 9 月 1 日起施行。

《中华人民共和国安全生产法》共七章 119 条：第一章总则，19 条；第二章生产经营单位的安全生产保障，32 条；第三章从业人员的安全生产权利义务，10 条；第四章安全生产的监督管理，17 条；第五章生产安全事故的应急救援与调查处理，11 条；第六章法律责任，27 条；第七章附则，3 条。

摘录如下：

第一条　为了加强安全生产工作，防止和减少生产安全事故，保障人民群众生命和财产安全，促进经济社会持续健康发展，制定本法。

第二条　在中华人民共和国领域内从事生产经营活动的单位（以下统称生产经营单位）的安全生产，适用本法；有关法律、行政法规对消防安全和道路交通安全、铁路交通安全、水上交通安全、民用航空安全以及核与辐射安全、特种设备安全另有规定的，适用其规定。

第三条 安全生产工作坚持中国共产党的领导。

安全生产工作应当以人为本，坚持人民至上、生命至上，把保护人民生命安全摆在首位，树牢安全发展理念，坚持安全第一、预防为主、综合治理的方针，从源头上防范化解重大安全风险。

安全生产工作实行管行业必须管安全、管业务必须管安全、管生产经营必须管安全，强化和落实生产经营单位主体责任与政府监管责任，建立生产经营单位负责、职工参与、政府监管、行业自律和社会监督的机制。

第四条 生产经营单位必须遵守本法和其他有关安全生产的法律、法规，加强安全生产管理，建立健全全员安全生产责任制和安全生产规章制度，加大对安全生产资金、物资、技术、人员的投入保障力度，改善安全生产条件，加强安全生产标准化、信息化建设，构建安全风险分级管控和隐患排查治理双重预防机制，健全风险防范化解机制，提高安全生产水平，确保安全生产。

平台经济等新兴行业、领域的生产经营单位应当根据本行业、领域的特点，建立健全并落实全员安全生产责任制，加强从业人员安全生产教育和培训，履行本法和其他法律、法规规定的有关安全生产义务。

第二十条 生产经营单位应当具备本法和有关法律、行政法规和国家标准或者行业标准规定的安全生产条件；不具备安全生产条件的，不得从事生产经营活动。

第四十二条 生产、经营、储存、使用危险物品的车间、商店、仓库不得与员工宿舍在同一座建筑物内，并应当与员工宿舍保持安全距离。

生产经营场所和员工宿舍应当设有符合紧急疏散要求、标志明显、保持畅通的出口、疏散通道。禁止占用、锁闭、封堵生产经营场所或者员工宿舍的出口、疏散通道。

第六条 生产经营单位的从业人员有依法获得安全生产保障的权利，并应当依法履行安全生产方面的义务。

第五十三条 生产经营单位的从业人员有权了解其作业场所和工作岗位存在的危险因素、防范措施及事故应急措施，有权对本单位的安全生产工作提出建议。

第五十七条 从业人员在作业过程中，应当严格落实岗位安全责任，遵守本单位的安全生产规章制度和操作规程，服从管理，正确佩戴和使用劳动防护用品。

第六十二条 县级以上地方各级人民政府应当根据本行政区域内的安全生产状况，

组织有关部门按照职责分工，对本行政区域内容易发生重大生产安全事故的生产经营单位进行严格检查。

应急管理部门应当按照分类分级监督管理的要求，制定安全生产年度监督检查计划，并按照年度监督检查计划进行监督检查，发现事故隐患，应当及时处理。

第八十条　县级以上地方各级人民政府应当组织有关部门制定本行政区域内生产安全事故应急救援预案，建立应急救援体系。

乡镇人民政府和街道办事处，以及开发区、工业园区、港区、风景区等应当制定相应的生产安全事故应急救援预案，协助人民政府有关部门或者按照授权依法履行生产安全事故应急救援工作职责。

三、《中华人民共和国消防法》

《中华人民共和国消防法》于1998年4月29日第九届全国人大常委会第二次会议通过，目前历经三次修订。现行《中华人民共和国消防法》于2021年4月29日经全国人大常委会第二十八次会议审议通过，并自公布之日起施行。

《中华人民共和国消防法》共七章74条：第一章总则，7条；第二章火灾预防，27条；第三章消防组织，8条；第四章灭火救援，9条；第五章监督检查，6条；第六章法律责任，15条；第七章附则，2条。

摘录如下：

第一条　为了预防火灾和减少火灾危害，加强应急救援工作，保护人身、财产安全，维护公共安全，制定本法。

第二条　消防工作贯彻预防为主、防消结合的方针，按照政府统一领导、部门依法监管、单位全面负责、公民积极参与的原则，实行消防安全责任制，建立健全社会化的消防工作网络。

第三条　国务院领导全国的消防工作。地方各级人民政府负责本行政区域内的消防工作。

各级人民政府应当将消防工作纳入国民经济和社会发展计划，保障消防工作与经济社会发展相适应。

第五条　任何单位和个人都有维护消防安全、保护消防设施、预防火灾、报告火警的义务。任何单位和成年人都有参加有组织的灭火工作的义务。

第六条　各级人民政府应当组织开展经常性的消防宣传教育，提高公民的消防安全意识。

机关、团体、企业、事业等单位，应当加强对本单位人员的消防宣传教育。

应急管理部门及消防救援机构应当加强消防法律、法规的宣传，并督促、指导、协助有关单位做好消防宣传教育工作。

教育、人力资源行政主管部门和学校、有关职业培训机构应当将消防知识纳入教育、教学、培训的内容。

新闻、广播、电视等有关单位，应当有针对性地面向社会进行消防宣传教育。

工会、共产主义青年团、妇女联合会等团体应当结合各自工作对象的特点，组织开展消防宣传教育。

村民委员会、居民委员会应当协助人民政府以及公安机关、应急管理等部门，加强消防宣传教育。

第七条　国家鼓励、支持消防科学研究和技术创新，推广使用先进的消防和应急救援技术、设备；鼓励、支持社会力量开展消防公益活动。

对在消防工作中有突出贡献的单位和个人，应当按照国家有关规定给予表彰和奖励。

第二十八条　任何单位、个人不得损坏、挪用或者擅自拆除、停用消防设施、器材，不得埋压、圈占、遮挡消火栓或者占用防火间距，不得占用、堵塞、封闭疏散通道、安全出口、消防车通道。人员密集场所的门窗不得设置影响逃生和灭火救援的障碍物。

第四十四条　任何人发现火灾都应当立即报警。任何单位、个人都应当无偿为报警提供便利，不得阻拦报警。严禁谎报火警。

第五十条　对因参加扑救火灾或者应急救援受伤、致残或者死亡的人员，按照国家有关规定给予医疗、抚恤。

第五十七条　住房和城乡建设主管部门、消防救援机构及其工作人员执行职务，应当自觉接受社会和公民的监督。

任何单位和个人都有权对住房和城乡建设主管部门、消防救援机构及其工作人员在执法中的违法行为进行检举、控告。收到检举、控告的机关，应当按照职责及时查处。

四、《中华人民共和国道路交通安全法》

《中华人民共和国道路交通安全法》于2003年10月28日第十届全国人大常委会第五次会议通过，自2004年5月1日起施行，分别于2007年、2011年、2021年修正了3次。现行《中华人民共和国道路交通安全法》于2021年4月29日经第十三届全国人大常委会第二十八次会议审议通过，并自公布之日起施行。

《中华人民共和国道路交通安全法》共八章 124 条：第一章总则，7 条；第二章车辆和驾驶人，17 条；第三章道路通行条件，10 条；第四章道路通行规定，35 条；第五章交通事故处理，8条；第六章执法监督，9条；第七章法律责任，32条；第八章附则，6条。

摘录如下：

第一条　为了维护道路交通秩序，预防和减少交通事故，保护人身安全，保护公民、法人和其他组织的财产安全及其他合法权益，提高通行效率，制定本法。

第二条　中华人民共和国境内的车辆驾驶人、行人、乘车人以及与道路交通活动有关的单位和个人，都应当遵守本法。

第三条　道路交通安全工作，应当遵循依法管理、方便群众的原则，保障道路交通有序、安全、畅通。

第六条　各级人民政府应当经常进行道路交通安全教育，提高公民的道路交通安全意识。

公安机关交通管理部门及其交通警察执行职务时，应当加强道路交通安全法律、法规的宣传，并模范遵守道路交通安全法律、法规。

机关、部队、企业事业单位、社会团体以及其他组织，应当对本单位的人员进行道路交通安全教育。

教育行政部门、学校应当将道路交通安全教育纳入法制教育的内容。

新闻、出版、广播、电视等有关单位，有进行道路交通安全教育的义务。

第十一条　驾驶机动车道路行驶，应当悬挂机动车号牌，放置检验合格标志、保险标志，并随车携带机动车行驶证。

机动车号牌应当按照规定悬挂并保持清晰、完整，不得故意遮挡、污损。

任何单位和个人不得收缴、扣留机动车号牌。

第十六条　任何单位或者个人不得有下列行为：

（一）拼装机动车或者擅自改变机动车已登记的结构、构造或者特征；

（二）改变机动车型号、发动机号、车架号或者车辆识别代号；

（三）伪造、变造或者使用伪造、变造的机动车登记证书、号牌、行驶证、检验合格标志、保险标志；

（四）使用其他机动车的登记证书、号牌、行驶证、检验合格标志、保险标志。

第十九条 驾驶机动车，应当依法取得机动车驾驶证。

申请机动车驾驶证，应当符合国务院公安部门规定的驾驶许可条件；经考试合格后，由公安机关交通管理部门发给相应类别的机动车驾驶证。

持有境外机动车驾驶证的人，符合国务院公安部门规定的驾驶许可条件，经公安机关交通管理部门考核合格的，可以发给中国的机动车驾驶证。

驾驶人应当按照驾驶证载明的准驾车型驾驶机动车；驾驶机动车时，应当随身携带机动车驾驶证。

公安机关交通管理部门以外的任何单位或者个人，不得收缴、扣留机动车驾驶证。

第二十条 机动车的驾驶培训实行社会化，由交通运输主管部门对驾驶培训学校、驾驶培训班实行备案管理，并对驾驶培训活动加强监督，其中专门的拖拉机驾驶培训学校、驾驶培训班由农业（农业机械）主管部门实行监督管理。

驾驶培训学校、驾驶培训班应当严格按照国家有关规定，对学员进行道路交通安全法律、法规、驾驶技能的培训，确保培训质量。

任何国家机关以及驾驶培训和考试主管部门不得举办或者参与举办驾驶培训学校、驾驶培训班。

第二十一条 驾驶人驾驶机动车道路行驶前，应当对机动车的安全技术性能进行认真检查；不得驾驶安全设施不全或者机件不符合技术标准等具有安全隐患的机动车。

第二十二条 机动车驾驶人应当遵守道路交通安全法律、法规的规定，按照操作规范安全驾驶、文明驾驶。

饮酒、服用国家管制的精神药品或者麻醉药品，或者患有妨碍安全驾驶机动车的疾病，或者过度疲劳影响安全驾驶的，不得驾驶机动车。

任何人不得强迫、指使、纵容驾驶人违反道路交通安全法律、法规和机动车安全驾驶要求驾驶机动车。

第二十八条 任何单位和个人不得擅自设置、移动、占用、损毁交通信号灯、交通标志、交通标线。

第三十一条 未经许可，任何单位和个人不得占用道路从事非交通活动。

第三十四条 学校、幼儿园、医院、养老院门前的道路没有行人过街设施的，应当施划人行横道线，设置提示标志。

第三十八条 车辆、行人应当按照交通信号通行；遇有交通警察现场指挥时，应当按照交通警察的指挥通行；在没有交通信号的道路上，应当在确保安全、畅通的原则下通行。

第六十一条　行人应当在人行道内行走，没有人行道的靠路边行走。

第六十二条　行人通过路口或者横过道路，应当走人行横道或者过街设施；通过有交通信号灯的人行横道，应当按照交通信号灯指示通行；通过没有交通信号灯、人行横道的路口，或者在没有过街设施的路段横过道路，应当在确认安全后通过。

第六十三条　行人不得跨越、倚坐道路隔离设施，不得扒车、强行拦车或者实施妨碍道路交通安全的其他行为。

第六十五条　行人通过铁路道口时，应当按照交通信号或者管理人员的指挥通行；没有交通信号和管理人员的，应当在确认无火车驶临后，迅速通过。

第六十六条　乘车人不得携带易燃易爆等危险物品，不得向车外抛洒物品，不得有影响驾驶人安全驾驶的行为。

第八十九条　行人、乘车人、非机动车驾驶人违反道路交通安全法律、法规关于道路通行规定的，处警告或者五元以上五十元以下罚款；非机动车驾驶人拒绝接受罚款处罚的，可以扣留其非机动车。

第九十条　机动车驾驶人违反道路交通安全法律、法规关于道路通行规定的，处警告或者二十元以上二百元以下罚款。本法另有规定的，依照规定处罚。

五、《中华人民共和国传染病防治法》

《中华人民共和国传染病防治法》于 1989 年 2 月 21 日第七届全国人大常委会第六次会议通过，自 1989 年 9 月 1 日起施行。历经两次修订，现行《中华人民共和国传染病防治法》于 2013 年 6 月 29 日经第十二届全国人大常委会第三次会议修正，并于公布之日起施行。

现行《中华人民共和国传染病防治法》共九章 80 条：第一章总则，12 条；第二章传染病预防，17 条；第三章疫情报告、通报和公布，9 条；第四章疫情控制，11 条；第五章医疗救治，3 条；第六章监督管理，6 条；第七章保障措施，6 条；第八章法律责任，13 条；第九章附则，3 条。

摘录如下：

第一条　为了预防、控制和消除传染病的发生与流行，保障人体健康和公共卫生，制定本法。

第二条 国家对传染病防治实行预防为主的方针，防治结合、分类管理、依靠科学、依靠群众。

第三条 本法规定的传染病分为甲类、乙类和丙类。

甲类传染病是指：鼠疫、霍乱。

乙类传染病是指：传染性非典型肺炎、艾滋病、病毒性肝炎、脊髓灰质炎、人感染高致病性禽流感、麻疹、流行性出血热、狂犬病、流行性乙型脑炎、登革热、炭疽、细菌性和阿米巴性痢疾、肺结核、伤寒和副伤寒、流行性脑脊髓膜炎、百日咳、白喉、新生儿破伤风、猩红热、布鲁氏菌病、淋病、梅毒、钩端螺旋体病、血吸虫病、疟疾。

丙类传染病是指：流行性感冒、流行性腮腺炎、风疹、急性出血性结膜炎、麻风病、流行性和地方性斑疹伤寒、黑热病、包虫病、丝虫病，除霍乱、细菌性和阿米巴性痢疾、伤寒和副伤寒以外的感染性腹泻病。

国务院卫生行政部门根据传染病暴发、流行情况和危害程度，可以决定增加、减少或者调整乙类、丙类传染病病种并予以公布。

第九条 国家支持和鼓励单位和个人参与传染病防治工作。各级人民政府应当完善有关制度，方便单位和个人参与防治传染病的宣传教育、疫情报告、志愿服务和捐赠活动。

居民委员会、村民委员会应当组织居民、村民参与社区、农村的传染病预防与控制活动。

第十条 国家开展预防传染病的健康教育。新闻媒体应当无偿开展传染病防治和公共卫生教育的公益宣传。

各级各类学校应当对学生进行健康知识和传染病预防知识的教育。

医学院校应当加强预防医学教育和科学研究，对在校学生以及其他与传染病防治相关人员进行预防医学教育和培训，为传染病防治工作提供技术支持。

疾病预防控制机构、医疗机构应当定期对其工作人员进行传染病防治知识、技能的培训。

第十一条 对在传染病防治工作中做出显著成绩和贡献的单位和个人，给予表彰和奖励。

对因参与传染病防治工作致病、致残、死亡的人员，按照有关规定给予补助、抚恤。

第十六条 国家和社会应当关心、帮助传染病病人、病原携带者和疑似传染病病人，使其得到及时救治。任何单位和个人不得歧视传染病病人、病原携带者和疑似传染病病人。

传染病病人、病原携带者和疑似传染病病人，在治愈前或者在排除传染病嫌疑前，不得从事法律、行政法规和国务院卫生行政部门规定禁止从事的易使该传染病扩散的工作。

第三十条　疾病预防控制机构、医疗机构和采供血机构及其执行职务的人员发现本法规定的传染病疫情或者发现其他传染病暴发、流行以及突发原因不明的传染病时，应当遵循疫情报告属地管理原则，按照国务院规定的或者国务院卫生行政部门规定的内容、程序、方式和时限报告。

军队医疗机构向社会公众提供医疗服务，发现前款规定的传染病疫情时，应当按照国务院卫生行政部门的规定报告。

第三十一条　任何单位和个人发现传染病病人或者疑似传染病病人时，应当及时向附近的疾病预防控制机构或者医疗机构报告。

第七十七条　单位和个人违反本法规定，导致传染病传播、流行，给他人人身、财产造成损害的，应当依法承担民事责任。

六、《中华人民共和国食品安全法》

《中华人民共和国食品安全法》于2009年2月28日第十一届全国人大常委会第七次会议通过，2015年、2018年、2021年历经三次修订，现行《中华人民共和国食品安全法》于2021年4月29日经第十三届全国人大常委会第二十八次会议审议通过。

《中华人民共和国食品安全法》共十章154条：第一章总则，13条；第二章食品安全风险监测和评估，10条；第三章食品安全标准，9条；第四章食品生产经营，51条；第五章食品检验，7条；第六章食品进出口，11条；第七章食品安全事故处置，7条；第八章执法监督，13条；第九章法律责任，28条；第十章附则，5条。

摘录如下：

第一条　为了保证食品安全，保障公众身体健康和生命安全，制定本法。

第二条　在中华人民共和国境内从事下列活动，应当遵守本法：

（一）食品生产和加工（以下称食品生产），食品销售和餐饮服务（以下称食品经营）；

（二）食品添加剂的生产经营；

（三）用于食品的包装材料、容器、洗涤剂、消毒剂和用于食品生产经营的工具、设备（以下称食品相关产品）的生产经营；

（四）食品生产经营者使用食品添加剂、食品相关产品；

（五）食品的贮存和运输；

（六）对食品、食品添加剂、食品相关产品的安全管理。

供食用的源于农业的初级产品（以下称食用农产品）的质量安全管理，遵守《中华人民共和国农产品质量安全法》的规定。但是，食用农产品的市场销售、有关质量安全标准的制定、有关安全信息的公布和本法对农业投入品作出规定的，应当遵守本法的规定。

第三条 食品安全工作实行预防为主、风险管理、全程控制、社会共治，建立科学、严格的监督管理制度。

第十二条 任何组织或者个人有权举报食品安全违法行为，依法向有关部门了解食品安全信息，对食品安全监督管理工作提出意见和建议。

第十三条 对在食品安全工作中做出突出贡献的单位和个人，按照国家有关规定给予表彰、奖励。

第五十七条 学校、托幼机构、养老机构、建筑工地等集中用餐单位的食堂应当严格遵守法律、法规和食品安全标准；从供餐单位订餐的，应当从取得食品生产经营许可的企业订购，并按照要求对订购的食品进行查验。供餐单位应当严格遵守法律、法规和食品安全标准，当餐加工，确保食品安全。

学校、托幼机构、养老机构、建筑工地等集中用餐单位的主管部门应当加强对集中用餐单位的食品安全教育和日常管理，降低食品安全风险，及时消除食品安全隐患。

第一百零三条 发生食品安全事故的单位应当立即采取措施，防止事故扩大。事故单位和接收病人进行治疗的单位应当及时向事故发生地县级人民政府食品安全监督管理、卫生行政部门报告。

任何单位和个人不得对食品安全事故隐瞒、谎报、缓报，不得隐匿、伪造、毁灭有关证据。

第一百零八条 食品安全事故调查部门有权向有关单位和个人了解与事故有关的情况，并要求提供相关资料和样品。有关单位和个人应当予以配合，按照要求提供相关资料和样品，不得拒绝。

任何单位和个人不得阻挠、干涉食品安全事故的调查处理。

第一百二十条 任何单位和个人不得编造、散布虚假食品安全信息。

第一百四十八条 消费者因不符合食品安全标准的食品受到损害的，可以向经营者要求赔偿损失，也可以向生产者要求赔偿损失。接到消费者赔偿要求的生产经营者，应当实行首负责任制，先行赔付，不得推诿；属于生产者责任的，经营者赔偿后有权向生产者追偿；属于经营者责任的，生产者赔偿后有权向经营者追偿。

生产不符合食品安全标准的食品或者经营明知是不符合食品安全标准的食品，消费者除要求赔偿损失外，还可以向生产者或者经营者要求支付价款十倍或者损失三倍的赔偿金；增加赔偿的金额不足一千元的，为一千元。但是，食品的标签、说明书存在不影响食品安全且不会对消费者造成误导的瑕疵的除外。

七、《中华人民共和国刑法修正案（十一）》

2020 年 12 月 26 日，第十三届全国人大常委会第二十四次会议表决通过《中华人民共和国刑法修正案（十一）》，自 2021 年 3 月 1 日起施行。

现行刑法修正案共 48 条。

摘录如下：

一、将刑法第十七条修改为："已满十六周岁的人犯罪，应当负刑事责任。"

"已满十四周岁不满十六周岁的人，犯故意杀人、故意伤害致人重伤或者死亡、强奸、抢劫、贩卖毒品、放火、爆炸、投放危险物质罪的，应当负刑事责任。"

"已满十二周岁不满十四周岁的人，犯故意杀人、故意伤害罪，致人死亡或者以特别残忍手段致人重伤造成严重残疾，情节恶劣，经最高人民检察院核准追诉的，应当负刑事责任。"

"对依照前三款规定追究刑事责任的不满十八周岁的人，应当从轻或者减轻处罚。"

"因不满十六周岁不予刑事处罚的，责令其父母或者其他监护人加以管教；在必要的时候，依法进行专门矫治教育。"

二、在刑法第一百三十三条之一后增加一条，作为第一百三十三条之二："对行驶中的公共交通工具的驾驶人员使用暴力或者抢控驾驶操纵装置，干扰公共交通工具正常行驶，危及公共安全的，处一年以下有期徒刑、拘役或者管制，并处或者单处罚金。"

"前款规定的驾驶人员在行驶的公共交通工具上擅离职守，与他人互殴或者殴打他人，危及公共安全的，依照前款的规定处罚。"

"有前两款行为，同时构成其他犯罪的，依照处罚较重的规定定罪处罚。"

二十、将刑法第二百一十七条修改为："以营利为目的，有下列侵犯著作权或者与著作权有关的权利的情形之一，违法所得数额较大或者有其他严重情节的，处三年以下有期徒刑，并处或者单处罚金；违法所得数额巨大或者有其他特别严重情节的，处三年以上十年以下有期徒刑，并处罚金：

“(一)未经著作权人许可，复制发行、通过信息网络向公众传播其文字作品、音乐、美术、视听作品、计算机软件及法律、行政法规规定的其他作品的；

“(二)出版他人享有专有出版权的图书的；

“(三)未经录音录像制作者许可，复制发行、通过信息网络向公众传播其制作的录音录像的；

“(四)未经表演者许可，复制发行录有其表演的录音录像制品，或者通过信息网络向公众传播其表演的；

“(五)制作、出售假冒他人署名的美术作品的；

“(六)未经著作权人或者与著作权有关的权利人许可，故意避开或者破坏权利人为其作品、录音录像制品等采取的保护著作权或者与著作权有关的权利的技术措施的。”

二十三、在刑法第二百一十九条后增加一条，作为第二百一十九条之一：“为境外的机构、组织、人员窃取、刺探、收买、非法提供商业秘密的，处五年以下有期徒刑，并处或者单处罚金；情节严重的，处五年以上有期徒刑，并处罚金。”

二十四、将刑法第二百三十六条修改为：“以暴力、胁迫或者其他手段强奸妇女的，处三年以上十年以下有期徒刑。

“奸淫不满十四周岁的幼女的，以强奸论，从重处罚。

“强奸妇女、奸淫幼女，有下列情形之一的，处十年以上有期徒刑、无期徒刑或者死刑：

“(一)强奸妇女、奸淫幼女情节恶劣的；

“(二)强奸妇女、奸淫幼女多人的；

“(三)在公共场所当众强奸妇女、奸淫幼女的；

“(四)二人以上轮奸的；

“(五)奸淫不满十周岁的幼女或者造成幼女伤害的；

“(六)致使被害人重伤、死亡或者造成其他严重后果的。”

二十七、在刑法第二百三十六条后增加一条，作为第二百三十六条之一：“对已满十四周岁不满十六周岁的未成年女性负有监护、收养、看护、教育、医疗等特殊职责的人员，与该未成年女性发生性关系的，处三年以下有期徒刑；情节恶劣的，处三年以上十年以下有期徒刑。

“有前款行为，同时又构成本法第二百三十六条规定之罪的，依照处罚较重的规定定罪处罚。”

二十八、将刑法第二百三十七条第三款修改为：“猥亵儿童的，处五年以下有期徒刑；有下列情形之一的，处五年以上有期徒刑：

“（一）猥亵儿童多人或者多次的；

“（二）聚众猥亵儿童的，或者在公共场所当众猥亵儿童，情节恶劣的；

“（三）造成儿童伤害或者其他严重后果的；

“（四）猥亵手段恶劣或者有其他恶劣情节的。”

三十一、将刑法第二百七十七条第五款修改为：“暴力袭击正在依法执行职务的人民警察的，处三年以下有期徒刑、拘役或者管制；使用枪支、管制刀具，或者以驾驶机动车撞击等手段，严重危及其人身安全的，处三年以上七年以下有期徒刑。”

三十二、在刑法第二百八十条之一后增加一条，作为第二百八十条之二：“盗用、冒用他人身份，顶替他人取得的高等学历教育入学资格、公务员录用资格、就业安置待遇的，处三年以下有期徒刑、拘役或者管制，并处罚金。

“组织、指使他人实施前款行为的，依照前款的规定从重处罚。

“国家工作人员有前两款行为，又构成其他犯罪的，依照数罪并罚的规定处罚。”

三十三、在刑法第二百九十一条之一后增加一条，作为第二百九十一条之二：“从建筑物或者其他高空抛掷物品，情节严重的，处一年以下有期徒刑、拘役或者管制，并处或者单处罚金。

“有前款行为，同时构成其他犯罪的，依照处罚较重的规定定罪处罚。”

八、《特种设备安全监察条例》

《特种设备安全监察条例》（国务院令第373号）于2003年2月19日国务院第68次常务会议通过，自2003年6月1日起施行。2009年1月24日，《国务院关于修改〈特种设备安全监察条例〉的决定》（修订版）发布，自2009年5月1日起施行。

现行《特种设备安全监察条例》共八章103条：第一章总则，9条；第二章特种设备的生产，13条；第三章特种设备的使用，18条；第四章检验检测，9条；第五章监督检查，11条；第六章预防和调查处理，11条；第七章法律责任，27条；第八章附则，5条。

摘录如下：

第一条 为了加强特种设备的安全监察，防止和减少事故，保障人民群众生命和财产安全，促进经济发展，制定本条例。

第二条 本条例所称特种设备是指涉及生命安全、危险性较大的锅炉、压力容器（含气瓶，下同）、压力管道、电梯、起重机械、客运索道、大型游乐设施和场（厂）内专用机动车辆。

第八条 国家鼓励推行科学的管理方法，采用先进技术，提高特种设备安全性能和管理水平，增强特种设备生产、使用单位防范事故的能力，对取得显著成绩的单位和个人，给予奖励。

国家鼓励特种设备节能技术的研究、开发、示范和推广，促进特种设备节能技术创新和应用。

特种设备生产、使用单位和特种设备检验检测机构，应当保证必要的安全和节能投入。

国家鼓励实行特种设备责任保险制度，提高事故赔付能力。

第九条 任何单位和个人对违反本条例规定的行为，有权向特种设备安全监督管理部门和行政监察等有关部门举报。

特种设备安全监督管理部门应当建立特种设备安全监察举报制度，公布举报电话、信箱或者电子邮件地址，受理对特种设备生产、使用和检验检测违法行为的举报，并及时予以处理。

特种设备安全监督管理部门和行政监察等有关部门应当为举报人保密，并按照国家有关规定给予奖励。

第二十三条 特种设备使用单位，应当严格执行本条例和有关安全生产的法律、行政法规的规定，保证特种设备的安全使用。

第二十四条 特种设备使用单位应当使用符合安全技术规范要求的特种设备。特种设备投入使用前，使用单位应当核对其是否附有本条例第十五条规定的相关文件。

第三十九条 特种设备使用单位应当对特种设备作业人员进行特种设备安全、节能教育和培训，保证特种设备作业人员具备必要的特种设备安全、节能知识。

特种设备作业人员在作业中应当严格执行特种设备的操作规程和有关的安全规章制度。

第四十条 特种设备作业人员在作业过程中发现事故隐患或者其他不安全因素，应当立即向现场安全管理人员和单位有关负责人报告。

第五十条 特种设备安全监督管理部门依照本条例规定，对特种设备生产、使用单位和检验检测机构实施安全监察。

对学校、幼儿园以及车站、客运码头、商场、体育场馆、展览馆、公园等公众聚集场所的特种设备，特种设备安全监督管理部门应当实施重点安全监察。

九、《危险化学品安全管理条例》

《危险化学品安全管理条例》于 2002 年 1 月 26 日由中华人民共和国国务院发布，自 2002 年 3 月 15 日起施行。2011 年 3 月 2 日，中华人民共和国国务院令第 591 号公布第一次修正版，自 2011 年 12 月 1 日起施行；2013 年 12 月 7 日，中华人民共和国国务院令第 645 号公布第二次修正版，自 2013 年 12 月 7 日起施行。

现行《危险化学品安全管理条例》共八章102条：第一章总则，10条；第二章生产、储存安全，17 条；第三章使用安全，5 条；第四章经营安全，10 条；第五章运输安全，23 条；第六章危险化学品登记与事故应急救援，9 条；第七章法律责任，22 条；第八章附则，6 条。

摘录如下：

第一条　为了加强危险化学品的安全管理，预防和减少危险化学品事故，保障人民群众生命财产安全，保护环境，制定本条例。

第二条　危险化学品生产、储存、使用、经营和运输的安全管理，适用本条例。

废弃危险化学品的处置，依照有关环境保护的法律、行政法规和国家有关规定执行。

第三条　本条例所称危险化学品，是指具有毒害、腐蚀、爆炸、燃烧、助燃等性质，对人体、设施、环境具有危害的剧毒化学品和其他化学品。

危险化学品目录，由国务院安全生产监督管理部门会同国务院工业和信息化、公安、环境保护、卫生、质量监督检验检疫、交通运输、铁路、民用航空、农业主管部门，根据化学品危险特性的鉴别和分类标准确定、公布，并适时调整。

第四条　危险化学品安全管理，应当坚持安全第一、预防为主、综合治理的方针，强化和落实企业的主体责任。

生产、储存、使用、经营、运输危险化学品的单位（以下统称危险化学品单位）的主要负责人对本单位的危险化学品安全管理工作全面负责。

危险化学品单位应当具备法律、行政法规规定和国家标准、行业标准要求的安全条件，建立、健全安全管理规章制度和岗位安全责任制度，对从业人员进行安全教育、法制教育和岗位技术培训。从业人员应当接受教育和培训，考核合格后上岗作业；对有资格要求的岗位，应当配备依法取得相应资格的人员。

第五条 任何单位和个人不得生产、经营、使用国家禁止生产、经营、使用的危险化学品。

国家对危险化学品的使用有限制性规定的，任何单位和个人不得违反限制性规定使用危险化学品。

第九条 任何单位和个人对违反本条例规定的行为，有权向负有危险化学品安全监督管理职责的部门举报。负有危险化学品安全监督管理职责的部门接到举报，应当及时依法处理；对不属于本部门职责的，应当及时移送有关部门处理。

第十九条 危险化学品生产装置或者储存数量构成重大危险源的危险化学品储存设施（运输工具加油站、加气站除外），与下列场所、设施、区域的距离应当符合国家有关规定：

（一）居住区以及商业中心、公园等人员密集场所；

（二）学校、医院、影剧院、体育场（馆）等公共设施；

（三）饮用水源、水厂以及水源保护区；

（四）车站、码头（依法经许可从事危险化学品装卸作业的除外）、机场以及通信干线、通信枢纽、铁路线路、道路交通干线、水路交通干线、地铁风亭以及地铁站出入口；

（五）基本农田保护区、基本草原、畜禽遗传资源保护区、畜禽规模化养殖场（养殖小区）、渔业水域以及种子、种畜禽、水产苗种生产基地；

（六）河流、湖泊、风景名胜区、自然保护区；

（七）军事禁区、军事管理区；

（八）法律、行政法规规定的其他场所、设施、区域。

已建的危险化学品生产装置或者储存数量构成重大危险源的危险化学品储存设施不符合前款规定的，由所在地设区的市级人民政府安全生产监督管理部门会同有关部门监督其所属单位在规定期限内进行整改；需要转产、停产、搬迁、关闭的，由本级人民政府决定并组织实施。储存数量构成重大危险源的危险化学品储存设施的选址，应当避开地震活动断层和容易发生洪灾、地质灾害的区域。本条例所称重大危险源，是指生产、储存、使用或者搬运危险化学品，且危险化学品的数量等于或者超过临界量的单元（包括场所和设施）。

第二十一条 生产、储存危险化学品的单位，应当在其作业场所设置通信、报警装置，并保证处于适用状态。

第二十五条　储存危险化学品的单位应当建立危险化学品出入库核查、登记制度。

对剧毒化学品以及储存数量构成重大危险源的其他危险化学品，储存单位应当将其储存数量、储存地点以及管理人员的情况，报所在地县级人民政府安全生产监督管理部门（在港区内储存的，报港口行政管理部门）和公安机关备案。

第六十六条　国家实行危险化学品登记制度，为危险化学品安全管理以及危险化学品事故预防和应急救援提供技术、信息支持。

第九十三条　伪造、变造或者出租、出借、转让危险化学品安全生产许可证、工业产品生产许可证，或者使用伪造、变造的危险化学品安全生产许可证、工业产品生产许可证的，分别依照《安全生产许可证条例》、《中华人民共和国工业产品生产许可证管理条例》的规定处罚。

伪造、变造或者出租、出借、转让本条例规定的其他许可证，或者使用伪造、变造的本条例规定的其他许可证的，分别由相关许可证的颁发管理机关处10万元以上20万元以下的罚款，有违法所得的，没收违法所得；构成违反治安管理行为的，依法给予治安管理处罚；构成犯罪的，依法追究刑事责任。

第九十六条　负有危险化学品安全监督管理职责的部门的工作人员，在危险化学品安全监督管理工作中滥用职权、玩忽职守、徇私舞弊，构成犯罪的，依法追究刑事责任；尚不构成犯罪的，依法给予处分。

第九十九条　公众发现、捡拾的无主危险化学品，由公安机关接收。公安机关接收或者有关部门依法没收的危险化学品，需要进行无害化处理的，交由环境保护主管部门组织其认定的专业单位进行处理，或者交由有关危险化学品生产企业进行处理。处理所需费用由国家财政负担。

十、《生产安全事故应急条例》

2019年2月17日，国务院总理李克强签署国务院令第708号，公布《生产安全事故应急条例》，自2019年4月1日起施行。

《生产安全事故应急条例》共五章 35 条：第一章总则，4 条；第二章应急准备，12 条；第三章应急救援，12 条；第四章法律责任，5 条；第五章附则，2 条。

摘录如下：

第一条　为了规范生产安全事故应急工作，保障人民群众生命和财产安全，根据

《中华人民共和国安全生产法》和《中华人民共和国突发事件应对法》，制定本条例。

第二条 本条例适用于生产安全事故应急工作；法律、行政法规另有规定的，适用其规定。

第十一条 应急救援队伍的应急救援人员应当具备必要的专业知识、技能、身体素质和心理素质。

应急救援队伍建立单位或者兼职应急救援人员所在单位应当按照国家有关规定对应急救援人员进行培训；应急救援人员经培训合格后，方可参加应急救援工作。

应急救援队伍应当配备必要的应急救援装备和物资，并定期组织训练。

第十四条 下列单位应当建立应急值班制度，配备应急值班人员：

（一）县级以上人民政府及其负有安全生产监督管理职能的部门；

（二）危险物品的生产、经营、储存、运输单位以及矿山、金属冶炼、城市轨道交通运营、建筑施工单位；

（三）应急救援队伍。

规模较大、危险性较高的易燃易爆物品、危险化学品等危险物品的生产、经营、储存、运输单位应当成立应急处置技术组，实行24小时应急值班。

第十五条 生产经营单位应当对从业人员进行应急教育和培训，保证从业人员具备必要的应急知识，掌握风险防范技能和事故应急措施。

第十七条 发生生产安全事故后，生产经营单位应当立即启动生产安全事故应急救援预案，采取下列一项或者多项应急救援措施，并按照国家有关规定报告事故情况：

（一）迅速控制危险源，组织抢救遇险人员；

（二）根据事故危害程度，组织现场人员撤离或者采取可能的应急措施后撤离；

（三）及时通知可能受到事故影响的单位和人员；

（四）采取必要措施，防止事故危害扩大和次生、衍生灾害发生；

（五）根据需要请求邻近的应急救援队伍参加救援，并向参加救援的应急救援队伍提供相关技术资料、信息和处置方法；

（六）维护事故现场秩序，保护事故现场和相关证据；

（七）法律、法规规定的其他应急救援措施。

第十九条 应急救援队伍接到有关人民政府及其部门的救援命令或者签有应急救援协议的生产经营单位的救援请求后，应当立即参加生产安全事故应急救援。

应急救援队伍根据救援命令参加生产安全事故应急救援所耗费用，由事故责任单位承担；事故责任单位无力承担的，由有关人民政府协调解决。

十一、《工伤保险条例》

《工伤保险条例》于 2003 年 4 月 27 日由国务院发布，自 2004 年 1 月 1 日起施行；2010 年 12 月 8 日，国务院第 136 次常务会议通过《国务院关于修改〈工伤保险条例〉的决定》，自 2011 年 1 月 1 日起施行。

现行《工伤保险条例》共八章 67 条：第一章总则，6 条；第二章工伤保险基金，7 条；第三章工伤认定，7 条；第四章劳动能力鉴定，9 条；第五章工伤保险待遇，16 条；第六章监督管理，10 条；第七章法律责任，8 条；第八章附则，4 条。

摘录如下：

第一条　为了保障因工作遭受事故伤害或者患职业病的职工获得医疗救治和经济补偿，促进工伤预防和职业康复，分散用人单位的工伤风险，制定本条例。

第二条　中华人民共和国境内的企业、事业单位、社会团体、民办非企业单位、基金会、律师事务所、会计师事务所等组织和有雇工的个体工商户（以下称用人单位）应当依照本条例规定参加工伤保险，为本单位全部职工或者雇工（以下称职工）缴纳工伤保险费。

中华人民共和国境内的企业、事业单位、社会团体、民办非企业单位、基金会、律师事务所、会计师事务所等组织的职工和个体工商户的雇工，均有依照本条例的规定享受工伤保险待遇的权利。

第三条　工伤保险费的征缴按照《社会保险费征缴暂行条例》关于基本养老保险费、基本医疗保险费、失业保险费的征缴规定执行。

第六条　社会保险行政部门等部门制定工伤保险的政策、标准，应当征求工会组织、用人单位代表的意见。

第七条　工伤保险基金由用人单位缴纳的工伤保险费、工伤保险基金的利息和依法纳入工伤保险基金的其他资金构成。

第八条　工伤保险费根据以支定收、收支平衡的原则，确定费率。

国家根据不同行业的工伤风险程度确定行业的差别费率，并根据工伤保险费使用、工伤发生率等情况在每个行业内确定若干费率档次。行业差别费率及行业内费率档次由国务院社会保险行政部门制定，报国务院批准后公布施行。

第十二条 工伤保险基金存入社会保障基金财政专户，用于本条例规定的工伤保险待遇，劳动能力鉴定，工伤预防的宣传、培训等费用，以及法律、法规规定的用于工伤保险的其他费用的支付。

工伤预防费用的提取比例、使用和管理的具体办法，由国务院社会保险行政部门会同国务院财政、卫生行政、安全生产监督管理等部门规定。

任何单位或者个人不得将工伤保险基金用于投资运营、兴建或者改建办公场所、发放奖金，或者挪作其他用途。

第十四条 职工有下列情形之一的，应当认定为工伤：

（一）在工作时间和工作场所内，因工作原因受到事故伤害的；

（二）工作时间前后在工作场所内，从事与工作有关的预备性或者收尾性工作受到事故伤害的；

（三）在工作时间和工作场所内，因履行工作职责受到暴力等意外伤害的；

（四）患职业病的；

（五）因工外出期间，由于工作原因受到伤害或者发生事故下落不明的；

（六）在上下班途中，受到非本人主要责任的交通事故或者城市轨道交通、客运轮渡、火车事故伤害的；

（七）法律、行政法规规定应当认定为工伤的其他情形。

第十五条 职工有下列情形之一的，视同工伤：

（一）在工作时间和工作岗位，突发疾病死亡或者在48小时之内经抢救无效死亡的；

（二）在抢险救灾等维护国家利益、公共利益活动中受到伤害的；

（三）职工原在军队服役，因战、因公负伤致残，已取得革命伤残军人证，到用人单位后旧伤复发的。

职工有前款第（一）项、第（二）项情形的，按照本条例的有关规定享受工伤保险待遇；职工有前款第（三）项情形的，按照本条例的有关规定享受除一次性伤残补助金以外的工伤保险待遇。

第十六条 职工符合本条例第十四条、第十五条的规定，但是有下列情形之一的，不得认定为工伤或者视同工伤：

（一）故意犯罪的；

（二）醉酒或者吸毒的；

（三）自残或者自杀的。

第十八条　提出工伤认定申请应当提交下列材料：

（一）工伤认定申请表；

（二）与用人单位存在劳动关系（包括事实劳动关系）的证明材料；

（三）医疗诊断证明或者职业病诊断证明书（或者职业病诊断鉴定书）。（工伤认定申请表应当包括事故发生的时间、地点、原因以及职工伤害程度等基本情况）

第五十二条　任何组织和个人对有关工伤保险的违法行为，有权举报。社会保险行政部门对举报应当及时调查，按照规定处理，并为举报人保密。

第五十三条　工会组织依法维护工伤职工的合法权益，对用人单位的工伤保险工作实行监督。

第五十四条　职工与用人单位发生工伤待遇方面的争议，按照处理劳动争议的有关规定处理。

第五十六条　单位或者个人违反本条例第十二条规定挪用工伤保险基金，构成犯罪的，依法追究刑事责任；尚不构成犯罪的，依法给予处分或者纪律处分。被挪用的基金由社会保险行政部门追回，并入工伤保险基金；没收的违法所得依法上缴国库。

十二、《生产经营单位生产安全事故应急预案编制导则》

为规范和指导应急预案编制工作，国家安全生产监督管理总局于2006年9月20日发布了《生产经营单位安全生产事故应急预案编制导则》（AQ/T 9002—2006），自2006年11月1日起实施。2013年7月19日，该导则升级为国家标准，并更名为《生产经营单位生产安全事故应急预案编制导则》（GB/T 29639—2013），自2013年10月1日起实施。2020年9月29日，国家市场监督管理总局、国家标准化管理委员会发布了修订后的《生产经营单位生产安全事故应急预案编制导则》（GB/T 29639—2020），自2021年4月1日起实施。

现行《生产经营单位生产安全事故应急预案编制导则》主要内容包括12部分：（1）范围；（2）规范性引用文件；（3）术语和定义；（4）应急预案编制程序；（5）应急预案体系；（6）综合应急预案内容；（7）专项应急预案内容；（8）现场处置方案内容；（9）附件；（10）附录A（资料性附录）生产安全事故风险评估报告编制大纲；（11）附录B（资料性附录）生产安全事故应急资源调查报告编制大纲；（12）附录C（资料性附录）应急预案编制格式和要求。

（一）应急预案编制步骤

1. 成立应急预案编制工作组

结合本单位部门职能和分工，成立以单位有关负责人为组长，单位相关部门人员（生产、技术、设备、安全、行政、人事、财务等）参加的应急预案编制工作组，明确工作职责和任务分工，制定工作计划，组织开展应急预案编制工作。预案编制工作组中应急邀请相关救援队伍以及周边相关企业、单位或社区代表参加。

2. 资料收集

（1）适用的法律法规、部门规章、地方性法规和政府规章、技术标准及规范性文件；

（2）企业周边地质、地形、环境情况及气象、水文、交通资料；

（3）企业现场功能区划分、建（构）筑物平面布置及安全距离资料；

（4）企业工艺流程、工艺参数、作业条件、设备装置及风险评估资料；

（5）本企业历史事故与隐患、国内外同行业事故资料；

（6）属地政府及周边企业、单位应急预案。

3. 风险评估

（1）辨识生产经营单位存在的危险有害因素，确定可能发生的生产安全事故类别；

（2）分析各种事故类别发生的可能性、危害后果和影响范围；

（3）评估确定相应事故类别的风险等级；

（4）编写风险评估报告。

4. 应急资源调查

（1）本单位可调用的应急队伍、装备、物资、场所；

（2）针对生产过程及存在的风险可采取的监测、监控、报警手段；

（3）上级单位、当地政府及周边企业可提供的应急资源；

（4）可协调使用的医疗、消防、专业抢险救援机构及其他社会化应急救援力量；

（5）应急资源不足与差距分析；

（6）应急资源调查主要结论；

（7）应急资源调查报告。

5. 应急预案编制

编制原则：

（1）以人为本，依法依规，符合实际，注重实效；

（2）以应急处置为核心，体现自救互救和先期处置的特点；

（3）做到职责明确、程序规范、措施科学；

（4）尽可能简明化、图表化、流程化。

编制内容：

（1）依据事故风险评估及应急资源调查结果，结合本单位组织管理体系、生产规模及处置特点，合理确定本单位应急预案体系；

（2）结合组织管理体系及部门业务职能划分，科学设定本单位应急组织机构及职责分工；

（3）依据事故可能的危害程度和区域范围，结合应急处置权限及能力，清晰界定本单位的响应分级标准，制定相应层级的应急处置措施；

（4）按照有关规定和要求，确定事故信息报告、响应分级与启动、指挥权移交、警戒疏散方面的内容，落实与相关部门和单位应急预案的衔接。

6. 桌面推演

按照应急预案明确的职责分工和应急响应程序，结合有关经验教训，相关部门及其人员可采取桌面演练的形式，模拟生产安全事故应对过程，逐步分析讨论并形成记录，检验应急预案的可行性，并进一步完善应急预案。

7. 应急预案评审

评审形式：应急预案编制完成后，生产经营单位应按法律法规有关规定组织评审或论证。参加应急预案评审的人员可包括有关安全生产及应急管理方面的、有现场处置经验的专家。应急预案论证可通过推演的方式开展。评审人员与所评审应急预案的生产经营单位有利害关系的，应当回避。

评审内容：风险评估和应急资源调查的全面性；应急预案体系设计的针对性；应急组织体系的合理性；应急响应程序和措施的科学性；应急保障措施的可行性；应急预案的衔接性。

评审程序：（1）评审准备；（2）组织评审；（3）修改完善。

8. 批准实施

通过评审的应急预案，由生产经营单位主要负责人签发实施。

（二）应急预案的主要内容

1. 综合应急预案

（1）总则；（2）应急组织机构及职责；（3）应急响应；（4）后期处置；（5）应急保障。

2. 专项应急预案

（1）适用范围；（2）应急组织机构及职责；（3）响应启动；（4）处置措施；（5）应急保障。

3. 现场处置方案

（1）事故风险描述；（2）应急工作职责；（3）应急处置；（4）注意事项。

十三、《中共中央国务院关于进一步推进安全生产领域改革发展的意见》

2016年10月11日，习近平总书记主持召开中央全面深化改革领导小组第28次会议审议通过了《中共中央国务院关于进一步推进安全生产领域改革发展的意见》（以下简称《意见》）。12月9日，中共中央、国务院以中发〔2016〕32号文件正式印发。这是新中国成立以来第一个以党中央、国务院名义出台的安全生产工作的纲领性文件，为当前和今后一个时期我国安全生产领域的改革发展指明了方向和路径。

一、总体要求

（一）指导思想。全面贯彻党的十八大和十八届三中、四中、五中、六中全会精神，以邓小平理论、“三个代表”重要思想、科学发展观为指导，深入贯彻习近平总书记系列重要讲话精神和治国理政新理念、新思想、新战略，进一步增强“四个意识”，紧紧围绕统筹推进“五位一体”总体布局和协调推进“四个全面”战略布局，牢固树立新发展理念，坚持安全发展，坚守发展决不能以牺牲安全为代价这条不可逾越的红线，以防范遏制重特大生产安全事故为重点，坚持安全第一、预防为主、综合治理的方针，加强领导、改革创新，协调联动、齐抓共管，着力强化企业安全生产主体责任，着力堵塞监督管理漏洞，着力解决不遵守法律法规的问题，依靠严密的责任体系、严格的法治措施、有效的体制机制、有力的基础保障和完善的系统治理，切实增强安全防范治理能力，大力提升我国安全生产整体水平，确保人民群众安康幸福、共享改革发展和社会文明进步成果。

（二）基本原则

——坚持安全发展。贯彻以人民为中心的发展思想，始终把人的生命安全放在首位，正确处理安全与发展的关系，大力实施安全发展战略，为经济社会发展提供强有力的安全保障。

——坚持改革创新。不断推进安全生产理论创新、制度创新、体制机制创新、科技创新和文化创新，增强企业内生动力，激发全社会创新活力，破解安全生产难题，推动安全生产与经济社会协调发展。

——坚持依法监管。大力弘扬社会主义法治精神，运用法治思维和法治方式，深化安全生产监管执法体制改革，完善安全生产法律法规和标准体系，严格规范公正文明执法，增强监管执法效能，提高安全生产法治化水平。

——坚持源头防范。严格安全生产市场准入，经济社会发展要以安全为前提，把安全生产贯穿城乡规划布局、设计、建设、管理和企业生产经营活动全过程。构建风险分级管控和隐患排查治理双重预防工作机制，严防风险演变、隐患升级导致生产安全事故发生。

——坚持系统治理。严密层级治理和行业治理、政府治理、社会治理相结合的安全生产治理体系，组织动员各方面力量实施社会共治。综合运用法律、行政、经济、市场等手段，落实人防、技防、物防措施，提升全社会安全生产治理能力。

（三）目标任务。到 2020 年，安全生产监管体制机制基本成熟，法律制度基本完善，全国生产安全事故总量明显减少，职业病危害防治取得积极进展，重特大生产安全事故频发势头得到有效遏制，安全生产整体水平与全面建成小康社会目标相适应。到 2030 年，实现安全生产治理体系和治理能力现代化，全民安全文明素质全面提升，安全生产保障能力显著增强，为实现中华民族伟大复兴的中国梦奠定稳固可靠的安全生产基础。

二、健全落实安全生产责任制

（四）明确地方党委和政府领导责任。坚持党政同责、一岗双责、齐抓共管、失职追责，完善安全生产责任体系。地方各级党委和政府要始终把安全生产摆在重要位置，加强组织领导。党政主要负责人是本地区安全生产第一责任人，班子其他成员对分管范围内的安全生产工作负领导责任。地方各级安全生产委员会主任由政府主要负责人担任，成员由同级党委和政府及相关部门负责人组成。

地方各级党委要认真贯彻执行党的安全生产方针，在统揽本地区经济社会发展全局中同步推进安全生产工作，定期研究决定安全生产重大问题。加强安全生产监管机构领导班子、干部队伍建设。严格安全生产履职绩效考核和失职责任追究。强化安全生产宣传教育和舆论引导。发挥人大对安全生产工作的监督促进作用、政协对安全生产工作的民主监督作用。推动组织、宣传、政法、机构编制等单位支持保障安全生产工作。动员社会各界积极参与、支持、监督安全生产工作。

地方各级政府要把安全生产纳入经济社会发展总体规划，制定实施安全生产专项规划，健全安全投入保障制度。及时研究部署安全生产工作，严格落实属地监管责任。充分发挥安全生产委员会作用，实施安全生产责任目标管理。建立安全生产巡查制度，督促各部门和下级政府履职尽责。加强安全生产监管执法能力建设，推进安全科技创新，提升信息化管理水平。严格安全准入标准，指导管控安全风险，督促整治重大隐患，强化源头治理。加强应急管理，完善安全生产应急救援体系。依法依规开展事故调查处理，督促落实问题整改。

（五）明确部门监管责任。按照管行业必须管安全、管业务必须管安全、管生产经营必须管安全和谁主管谁负责的原则，厘清安全生产综合监管与行业监管的关系，明确各有关部门安全生产和职业健康工作职责，并落实到部门工作职责规定中。安全生产监督管理部门负责安全生产法规标准和政策规划制定修订、执法监督、事故调查处理、应急救援管理、统计分析、宣传教育培训等综合性工作，承担职责范围内行业领域安全生产和职业健康监管执法职责。负有安全生产监督管理职责的有关部门依法依规履行相关行业领域安全生产和职业健康监管职责，强化监管执法，严厉查处违法违规行为。其他行业领域主管部门负有安全生产管理责任，要将安全生产工作作为行业领域管理的重要内容，从行业规划、产业政策、法规标准、行政许可等方面加强行业安全生产工作，指导督促企事业单位加强安全管理。党委和政府其他有关部门要在职责范围内为安全生产工作提供支持保障，共同推进安全发展。

（六）严格落实企业主体责任。企业对本单位安全生产和职业健康工作负全面责任，要严格履行安全生产法定责任，建立健全自我约束、持续改进的内生机制。企业实行全员安全生产责任制度，法定代表人和实际控制人同为安全生产第一责任人，主要技术负责人负有安全生产技术决策和指挥权，强化部门安全生产职责，落实一岗双责。完善落实混合所有制企业以及跨地区、多层级和境外中资企业投资主体的安全生产责任。建立企业全过程安全生产和职业健康管理制度，做到安全责任、管理、投入、培训和应急救援“五到位”。国有企业要发挥安全生产工作示范带头作用，自觉接受属地监管。

（七）健全责任考核机制。建立与全面建成小康社会相适应和体现安全发展水平的考核评价体系。完善考核制度，统筹整合、科学设定安全生产考核指标，加大安全生产在社会治安综合治理、精神文明建设等考核中的权重。各级政府要对同级安全生产委员会成员单位和下级政府实施严格的安全生产工作责任考核，实行过程考核与结果考核相结合。各地区各单位要建立安全生产绩效与履职评定、职务晋升、奖励惩处挂钩制度，严格落实安全生产“一票否决”制度。

（八）严格责任追究制度。实行党政领导干部任期安全生产责任制，日常工作依责尽职、发生事故依责追究。依法依规制定各有关部门安全生产权力和责任清单，尽职照单免责、失职照单问责。建立企业生产经营全过程安全责任追溯制度。严肃查处安全生产领域项目审批、行政许可、监管执法中的失职渎职和权钱交易等腐败行为。严格事故直报制度，对瞒报、谎报、漏报、迟报事故的单位和个人依法依规追责。对被追究刑事责任的生产经营者依法实施相应的职业禁入，对事故发生负有重大责任的社会服务机构和人员依法严肃追究法律责任，并依法实施相应的行业禁入。

三、改革安全监管监察体制

（九）完善监督管理体制。加强各级安全生产委员会组织领导，充分发挥其统筹协调作用，切实解决突出矛盾和问题。各级安全生产监督管理部门承担本级安全生产委员会日常工作，负责指导协调、监督检查、巡查考核本级政府有关部门和下级政府安全生产工作，履行综合监管职责。负有安全生产监督管理职责的部门，依照有关法律法规和部门职责，健全安全生产监管体制，严格落实监管职责。相关部门按照各自职责建立完善安全生产工作机制，形成齐抓共管格局。坚持管安全生产必须管职业健康，建立安全生产和职业健康一体化监管执法体制。

（十）改革重点行业领域安全监管监察体制。依托国家煤矿安全监察体制，加强非煤矿山安全生产监管监察，优化安全监察机构布局，将国家煤矿安全监察机构负责的安全生产行政许可事项移交给地方政府承担。着重加强危险化学品安全监管体制改革和力量建设，明确和落实危险化学品建设项目立项、规划、设计、施工及生产、储存、使用、销售、运输、废弃处置等环节的法定安全监管责任，建立有力的协调联动机制，消除监管空白。完善海洋石油安全生产监督管理体制机制，实行政企分开。理顺民航、铁路、电力等行业跨区域监管体制，明确行业监管、区域监管与地方监管职责。

（十一）进一步完善地方监管执法体制。地方各级党委和政府要将安全生产监督管理部门作为政府工作部门和行政执法机构，加强安全生产执法队伍建设，强化行政执法职能。统筹加强安全监管力量，重点充实市、县两级安全生产监管执法人员，强化乡镇（街道）安全生产监管力量建设。完善各类开发区、工业园区、港区、风景区等功能区安全生产监管体制，明确负责安全生产监督管理的机构，以及港区安全生产地方监管和部门监管责任。

（十二）健全应急救援管理体制。按照政事分开原则，推进安全生产应急救援管理体制改革，强化行政管理职能，提高组织协调能力和现场救援时效。健全省、市、县三级安全生产应急救援管理工作机制，建设联动互通的应急救援指挥平台。依托公安消防、大型企业、工业园区等应急救援力量，加强矿山和危险化学品等应急救援基地和队伍建设，实行区域化应急救援资源共享。

四、大力推进依法治理

（十三）健全法律法规体系。建立健全安全生产法律法规立改废释工作协调机制。加强涉及安全生产相关法规一致性审查，增强安全生产法制建设的系统性、可操作性。制定安全生产中长期立法规划，加快制定修订安全生产法配套法规。加强安全生产和职业健康法律法规衔接融合。研究修改刑法有关条款，将生产经营过程中极易导致重大生产安全事故的违法行为列入刑法调整范围。制定完善高危行业领域安全规程。设区的市根据立法法的立法精神，加强安全生产地方性法规建设，解决区域性安全生产突出问题。

（十四）完善标准体系。加快安全生产标准制定修订和整合，建立以强制性国家标准为主体的安全生产标准体系。鼓励依法成立的社会团体和企业制定更加严格规范的安全生产标准，结合国情积极借鉴实施国际先进标准。国务院安全生产监督管理部门负责生产经营单位职业危害预防治理国家标准制定发布工作；统筹提出安全生产强制性国家标准立项计划，有关部门按照职责分工组织起草、审查、实施和监督执行，国务院标准化行政主管部门负责及时立项、编号、对外通报、批准并发布。

（十五）严格安全准入制度。严格高危行业领域安全准入条件。按照强化监管与便民服务相结合原则，科学设置安全生产行政许可事项和办理程序，优化工作流程，简化办事环节，实施网上公开办理，接受社会监督。对与人民群众生命财产安全直接相关的行政许可事项，依法严格管理。对取消、下放、移交的行政许可事项，要加强事中事后安全监管。

（十六）规范监管执法行为。完善安全生产监管执法制度，明确每个生产经营单位安全生产监督和管理主体，制定实施执法计划，完善执法程序规定，依法严格查处各类违法违规行为。建立行政执法和刑事司法衔接制度，负有安全生产监督管理职责的部门要加强与公安、检察院、法院等协调配合，完善安全生产违法线索通报、案件移送与协查机制。对违法行为当事人拒不执行安全生产行政执法决定的，负有安全生产监督管理职责的部门应依法申请司法机关强制执行。完善司法机关与事故调查机制，严肃查处违法犯罪行为。研究建立安全生产民事和行政公益诉讼制度。

（十七）完善执法监督机制。各级人大常委会要定期检查安全生产法律法规实施情况，开展专题询问。各级政协要围绕安全生产突出问题开展民主监督和协商调研。建立执法行为审议制度和重大行政执法决策机制，评估执法效果，防止滥用职权。健全领导干部非法干预安全生产监管执法的记录、通报和责任追究制度。完善安全生产执法纠错和执法信息公开制度，加强社会监督和舆论监督，保证执法严明、有错必纠。

（十八）健全监管执法保障体系。制定安全生产监管监察能力建设规划，明确监管执法装备及现场执法和应急救援用车配备标准，加强监管执法技术支撑体系建设，保障监管执法需要。建立完善负有安全生产监督管理职责的部门监管执法经费保障机制，将监管执法经费纳入同级财政全额保障范围。加强监管执法制度化、标准化、信息化建设，确保规范高效监管执法。建立安全生产监管执法人员依法履行法定职责制度，激励保证监管执法人员忠于职守、履职尽责。严格监管执法人员资格管理，制定安全生产监管执法人员录用标准，提高专业监管执法人员比例。建立健全安全生产监管执法人员凡进必考、入职培训、持证上岗和定期轮训制度。统一安全生产执法标志标识和制式服装。

（十九）完善事故调查处理机制。坚持问责与整改并重，充分发挥事故查处对加强和改进安全生产工作的促进作用。完善生产安全事故调查组组长负责制。健全典型事故提级调查、跨地区协同调查和工作督导机制。建立事故调查分析技术支撑体系，所有事故调查报告要设立技术和管理问题专篇，详细分析原因并全文发布，做好解读，回应公众关切。对事故调查发现有漏洞、缺陷的有关法律法规和标准制度，及时启动制定修订工作。建立事故暴露问题整改督办制度，事故结案后一年内，负责事故调查的地方政府和国务院有关部门要组织开展评估，及时向社会公开，对履职不力、整改措施不落实的，依法依规严肃追究有关单位和人员责任。

五、建立安全预防控制体系

（二十）加强安全风险管控。地方各级政府要建立完善安全风险评估与论证机制，科学合理确定企业选址和基础设施建设、居民生活区空间布局。高危项目审批必须把安全生产作为前置条件，城乡规划布局、设计、建设、管理等各项工作必须以安全为前提，实行重大安全风险“一票否决”。加强新材料、新工艺、新业态安全风险评估和管控。紧密结合供给侧结构性改革，推动高危产业转型升级。位置相邻、行业相近、业态相似的地区和行业要建立完善重大安全风险联防联控机制。构建国家、省、市、县四级重大危险源信息管理体系，对重点行业、重点区域、重点企业实行风险预警控制，有效防范重特大生产安全事故。

（二十一）强化企业预防措施。企业要定期开展风险评估和危害辨识。针对高危工艺、设备、物品、场所和岗位，建立分级管控制度，制定落实安全操作规程。树立隐患就是事故的观念，建立健全隐患排查治理制度、重大隐患治理情况向负有安全生产监督管理职责的部门和企业职代会“双报告”制度，实行自查自改自报闭环管理。严格执行安全生产和职业健康“三同时”制度。大力推进企业安全生产标准化建设，实现安全管理、操作行为、设备设施和作业环境的标准化。开展经常性的应急演练和人员避险自救培训，着力提升现场应急处置能力。

（二十二）建立隐患治理监督机制。制定生产安全事故隐患分级和排查治理标准。负有安全生产监督管理职责的部门要建立与企业隐患排查治理系统联网的信息平台，完善线上线下配套监管制度。强化隐患排查治理监督执法，对重大隐患整改不到位的企业依法采取停产停业、停止施工、停止供电和查封扣押等强制措施，按规定给予上限经济处罚，对构成犯罪的要移交司法机关依法追究刑事责任。严格重大隐患挂牌督办制度，对整改和督办不力的纳入政府核查问责范围，实行约谈告诫、公开曝光，情节严重的依法依规追究相关人员责任。

（二十三）强化城市运行安全保障。定期排查区域内安全风险点、危险源，落实管控措施，构建系统性、现代化的城市安全保障体系，推进安全发展示范城市建设。提高基础设施安全配置标准，重点加强对城市高层建筑、大型综合体、隧道桥梁、管线管廊、轨道交通、燃气、电力设施及电梯、游乐设施等的检测维护。完善大型群众性活动安全管理制度，加强人员密集场所安全监管。加强公安、民政、国土资源、住房城乡建设、交通运输、水利、农业、安全监管、气象、地震等相关部门的协调联动，严防自然灾害引发事故。

（二十四）加强重点领域工程治理。深入推进对煤矿瓦斯、水害等重大灾害以及矿山采空区、尾矿库的工程治理。加快实施人口密集区域的危险化学品和化工企业生产、仓储场所安全搬迁工程。深化油气开采、输送、炼化、码头接卸等领域安全整治。实施高速公路、乡村公路和急弯陡坡、临水临崖危险路段公路安全生命防护工程建设。加强高速铁路、跨海大桥、海底隧道、铁路浮桥、航运枢纽、港口等防灾监测、安全检测及防护系统建设。完善长途客运车辆、旅游客车、危险物品运输车辆和船舶生产制造标准，提高安全性能，强制安装智能视频监控报警、防碰撞和整车整船安全运行监管技术装备，对已运行的要加快安全技术装备改造升级。

（二十五）建立完善职业病防治体系。将职业病防治纳入各级政府民生工程及安全生产工作考核体系，制定职业病防治中长期规划，实施职业健康促进计划。加快职业病危害严重企业技术改造、转型升级和淘汰退出，加强高危粉尘、高毒物品等职业病危害源头治理。健全职业健康监管支撑保障体系，加强职业健康技术服务机构、职业病诊断鉴定机构和职业健康体检机构建设，强化职业病危害基础研究、预防控制、诊断鉴定、综合治疗能力。完善相关规定，扩大职业病患者救治范围，将职业病失能人员纳入社会保障范围，对符合条件的职业病患者落实医疗与生活救助措施。加强企业职业健康监管执法，督促落实职业病危害告知、日常监测、定期报告、防护保障和职业健康体检等制度措施，落实职业病防治主体责任。

六、加强安全基础保障能力建设

（二十六）完善安全投入长效机制。加强中央和地方财政安全生产预防及应急相关资金使用管理，加大安全生产与职业健康投入，强化审计监督。加强安全生产经济政策研究，完善安全生产专用设备企业所得税优惠目录。落实企业安全生产费用提取管理使用制度，建立企业增加安全投入的激励约束机制。健全投融资服务体系，引导企业集聚发展灾害防治、预测预警、检测监控、个体防护、应急处置、安全文化等技术、装备和服务产业。

（二十七）建立安全科技支撑体系。优化整合国家科技计划，统筹支持安全生产和职业健康领域科研项目，加强研发基地和博士后科研工作站建设。开展事故预防理论研究和关键技术装备研发，加快成果转化和推广应用。推动工业机器人、智能装备在危险工序和环节广泛应用。提升现代信息技术与安全生产融合度，统一标准规范，加快安全生产信息化建设，构建安全生产与职业健康信息化全国“一张网”。加强安全生产理论和政策研究，运用大数据技术开展安全生产规律性、关联性特征分析，提高安全生产决策科学化水平。

（二十八）健全社会化服务体系。将安全生产专业技术服务纳入现代服务业发展规划，培育多元化服务主体。建立政府购买安全生产服务制度。支持发展安全生产专业化行业组织，强化自治自律。完善注册安全工程师制度。改革完善安全生产和职业健康技术服务机构资质管理办法。支持相关机构开展安全生产和职业健康一体化评价等技术服务，严格实施评价公开制度，进一步激活和规范专业技术服务市场。鼓励中小微企业订单式、协作式购买运用安全生产管理和技术服务。建立安全生产和职业健康技术服务机构公示制度和由第三方实施的信用评定制度，严肃查处租借资质、违法挂靠、弄虚作假、垄断收费等各类违法违规行为。

（二十九）发挥市场机制推动作用。取消安全生产风险抵押金制度，建立健全安全生产责任保险制度，在矿山、危险化学品、烟花爆竹、交通运输、建筑施工、民用爆炸物品、金属冶炼、渔业生产等高危行业领域强制实施，切实发挥保险机构参与风险评估管控和事故预防功能。完善工伤保险制度，加快制定工伤预防费用的提取比例、使用和管理具体办法。积极推进安全生产诚信体系建设，完善企业安全生产不良记录“黑名单”制度，建立失信惩戒和守信激励机制。

（三十）健全安全宣传教育体系。将安全生产监督管理纳入各级党政领导干部培训内容。把安全知识普及纳入国民教育，建立完善中小学安全教育和高危行业职业安全教育体系。把安全生产纳入农民工技能培训内容。严格落实企业安全教育培训制度，切实做到先培训、后上岗。推进安全文化建设，加强警示教育，强化全民安全意识和法治意识。发挥工会、共青团、妇联等群团组织作用，依法维护职工群众的知情权、参与权与监督权。加强安全生产公益宣传和舆论监督。建立安全生产“12350”专线与社会公共管理平台统一接报、分类处置的举报投诉机制。鼓励开展安全生产志愿服务和慈善事业。加强安全生产国际交流合作，学习借鉴国外安全生产与职业健康先进经验。

十四、《安全生产责任保险事故预防技术服务规范》（AQ 9010—2019）

《安全生产责任保险实施办法》明确了要在矿山、危险化学品、烟花爆竹、交通运输、民用爆炸物品等八大高危行业领域强制实施安全生产责任保险。为了充分发挥安全生产责任保险防控风险的作用，实现安保互动，有效防范和减少生产安全事故，应急管理部于 2019 年 8 月 12 日发布《安全生产责任保险事故预防技术服务规范》（AQ 9010—2019，以下简称《规范》），出台《规范》的目的是指导保险机构如何开展事故预防技术服务，进行制度上、程序性的规范，保证建立一种机制和体系，最终解决有章可循、有据可依的问题。目前重点解决的是保险机构在事故预防服务当中不作为、不规范、效果不明显等问题，另一方面保证投保单位交了钱，就能够得到合理合规的服务来达到预防事故的目的明确了事故预防服务的强制性原则，规定保险机构应按照合同约定为投保单位提供服务，不应以任何理由拒绝履行服务义务，且不应向投保单位另行收取费用。此外，还对服务项目、服务形式、服务要求等方面提出了具体规定。

由于篇幅原因，节选部分重要内容供大家参考。

3 术语和定义

下列术语和定义适用于本文件。

3.1 安全生产责任保险 work safety liability insurance

保险机构对投保单位发生生产安全事故造成的人员伤亡和有关经济损失等予以赔偿，并且为投保单位提供生产安全事故预防服务的商业保险。

3.2 事故预防技术服务 accidents prevention technical service

保险机构为防止或减少投保单位发生生产安全事故，降低赔付风险，通过一定的技术措施，协助投保单位开展事故预防工作的服务行为。

3.3 投保单位 applicant

与保险机构订立安全生产责任保险合同并支付保险费用，享有获得赔偿和接受事故预防技术服务权利的生产经营单位。

3.4 安全生产专业技术人员 work safety professional

为投保单位提供事故预防技术服务的具有安全生产专业背景、职业资格、工作经验的专业技术人员和科学研究人员。

3.5 安全生产技术服务机构 work safety technical service organization

受保险机构委托，为投保单位提供事故预防技术服务的各类机构，包括安全生产技术与管理咨询机构、安全评价机构、安全生产检测检验机构、安全风险评估机构、安全培训机构、注册安全工程师事务所、高等院校、科研院所和社会组织等。

4 基本原则

4.1 强制性

保险机构应在保险合同中明确事故预防技术服务项目及频次，并按照合同约定为投保单位提供服务，不应以任何理由拒绝履行保险合同约定的服务义务，不应另行收取费用。保险机构开展事故预防技术服务时，投保单位应主动配合。

4.2 规范性

保险机构应建立管理制度，规范服务流程，依法开展事故预防技术服务，不应泄露投保单位的职工信息和技术秘密、商业秘密，不应影响投保单位正常的生产经营活动。

4.3 适用性

保险机构为投保单位提供的事故预防技术服务方案应符合投保单位安全生产工作实际，确保适用可行，并根据投保单位的意见和需求，及时改进服务方案。

4.4 实效性

保险机构应保证事故预防技术服务质量，有效降低投保单位安全风险。投保单位应根据保险机构反馈的书面意见，采取安全防范措施，共同确保事故预防技术服务效果。

5 服务项目和形式

5.1 服务项目

保险机构应根据投保单位需求，参照以下内容确定具体服务项目，协助投保单位开展事故预防工作：

a) 安全生产宣传教育培训。制作发放安全生产宣传教育培训资料，举办安全生产宣传教育活动，组织开展安全生产专项教育培训。

b) 安全风险辨识、评估和安全评价。开展安全风险辨识评估、安全评价和安全生产检测检验，提出风险防控措施建议，发布风险预警信息。

c) 生产安全事故隐患排查。开展生产安全事故隐患排查，提出隐患治理措施与方案。

d) 安全生产标准化建设。编制安全生产标准化建设方案，制修订安全管理制度，开展安全生产标准化自评。

e) 生产安全事故应急预案编制和演练。编制生产安全事故应急预案，开展应急预案演练和效果评估。

f) 安全生产科技推广应用。组织安全生产技术交流研讨，推介安全生产科技成果和先进技术装备。

g) 其他有关事故预防工作。

保险机构每年至少为投保的煤矿、非煤矿山、危险化学品、烟花爆竹、交通运输、建筑施工、民用爆炸物品、金属冶炼、渔业生产等高危行业领域大中型投保单位提供 1 次 b)或 c)服务。

5.2 服务形式

保险机构应通过以下形式为投保单位提供事故预防技术服务：

a) 依靠自身安全生产专业技术人员。

……

h) 委托安全生产技术服务机构。

i) 聘请外部安全生产专业技术人员。

j) 委托保险经纪人。

6 服务流程

6.1 制定服务方案

保险机构应与投保单位沟通并协商一致，根据其行业领域特点、生产规模、风险分布、人员状况、安全管理基础和历史事故情况，结合安全生产目标和工作需求，制定事故预防技术服务方案，明确服务项目、服务措施、服务频次、服务机构、服务人员、预期目标和服务保障事项。

6.2 开展服务

保险机构每次开展服务之前，应提前与投保单位沟通，确认服务项目、服务措施和服务时间。开展服务时，服务人员应遵守投保单位的安全管理制度和操作规程，采取安全防护措施，保证自身和其他人员的安全;在服务过程中发现生产安全事故隐患，应及时书面告知投保单位，投保单位应及时整改。

6.3 回访和确认

保险机构应在服务完成以后 10 个工作日内通过电话、网络、现场验证方式回访并记录投保单位的满意度和具体意见。保险机构应如实记录事故预防技术服务的时间、地点、服务机构、服务人员、服务项目、服务措施、服务过程和回访情况，并在服务完成以后 20 个工作日内整理完毕，由双方确认后归档。

6.4 投诉处理

保险机构应提供可靠、便捷的投诉渠道，并告知投保单位投诉处理程序和投诉纠纷调处方式。对投保单位提出的异议或投诉，保险机构应及时沟通处理，在 10 个工作日内将投诉事项的答复意见反馈给投保单位;需要进一步核实与处理的，应在 30 个工作日内予以答复。情况复杂的，经本单位保险消费投诉处理工作责任人批准，可以延长处理期限，但延长期限不得超过 30 日，并告知投诉人延长期限的理由。投诉事项答复意见应包括：投诉人的投诉请求、对基本事实的认定及依据、对投诉事项的处理措施。投保单位对保险机构的答复意见仍不满意的，可提交应急管理部门、银行保险监管机构或相关部门核查。

8 服务评估和改进

8.1 服务评估

保险机构应每年对事故预防技术服务的质量和效果进行 1 次自评或第三方评估，并形成书面报告，内容包括服务方案实施情况、服务效果、投保单位满意度、服务费用支出情况、服务机构和服务人员的专业能力、投诉处理情况、存在的问题和改进措施。

8.2 评估应用

保险机构应将年度评估结果纳入内部管理机构和管理人员考核内容，以及选择安全生产专业技术人员和安全生产技术服务机构的重要依据。

保险机构应向属地应急管理部门、银行保险监管机构和相关部门上报年度评估报告，通过官方网站和公共媒体向社会公布年度评估结果，接受政府相关部门和社会监督。

8.3 持续改进

保险机构应针对年度评估、回访、投保单位投诉、政府相关部门监督检查中发现的问题，制定并落实改进措施，完善管理制度和服务方案，持续提高事故预防技术服务质量。

十五、安全生产十五条“硬措施”

为认真贯彻落实习近平总书记关于安全生产重要指示精神和党中央、国务院决策部署，国务院安委会梳理相关法律法规已有规定、以往管用举措和近年来针对新情况采取的有效措施，制定了进一步强化安全生产责任落实、坚决防范遏制重特大事故的十五条措施，部署发动各方面力量全力抓好安全防范工作，为党的二十大胜利召开创造良好安全环境。

（一）严格落实地方党委安全生产责任。地方各级党委要牢固树立安全发展理念，始终把人民群众生命安全放在第一位。要定期组织党委理论学习中心组跟进学习贯彻习近平总书记关于安全生产重要论述。严格落实《地方党政领导干部安全生产责任制规定》，严格落实“党政同责、一岗双责、齐抓共管、失职追责”，综合运用巡查督查、考核考察、激励惩戒等措施加强对安全生产工作的组织领导。加大安全生产等约束性指标在经济社会发展考核评价体系中的权重，将履行安全生产责任情况作为对党委政府领导班子和有关领导干部考核、有关人选考察的重要内容。党委主要负责人要亲力亲为、靠前协调，定期主持党委常委会会议研究安全监管部门领导班子、干部队伍、执法力量建设等重大问题。党委常委会其他成员要按照职责分工，协调纪检监察机关和组织、宣传、政法、机构编制等单位支持保障安全生产工作。

（二）严格落实地方政府安全生产责任。地方各级政府要组织制定政府领导干部安全生产“职责清单”和“年度任务清单”。政府主要负责人要根据党委会议的要求，及时研究解决突出问题。其他领导干部要分兵把口、严格履责，切实抓好分管行业领域安全生产工作，并把安全生产工作贯穿业务工作全过程。各级安委会要创造条件实体化运行，组织定期研判重大安全风险，滚动排查重大安全隐患，主动协调加强民航、铁路、电力、商渔船碰撞等跨区域跨部门安全工作。

（三）严格落实部门安全监管责任。各有关部门要按照“管行业必须管安全、管业务必须管安全、管生产经营必须管安全”和“谁主管谁负责”的原则，依法依规抓紧编制安全生产权力和责任清单。对职能交叉和新业态新风险，按照“谁主管谁牵头、谁为主谁牵头、谁靠近谁牵头”的原则及时明确监管责任，各有关部门要主动担当，不得推诿扯皮。对直接关系安全的取消下放事项，要实事求是开展评估，基层接不住、监管跟不上的要及时予以纠正，必要时要收回，酿成事故的要严肃追责。应急管理部门要理直气壮履行安委会办公室职责，发挥统筹、协调、指导作用，加强考核巡查、警示提醒、挂牌督办、提级调查，督促各部门落实安全监管责任。

（四）严肃追究领导责任和监管责任。对不认真履行职责，发生较大及以上生产安全事故的，不仅要追究直接责任，而且要追究地方党委和政府领导责任、有关部门的监管责任，特别是重特大事故要追究主要领导、分管领导的责任。对非法煤矿、违法盗采等严重违法违规行为没有采取有效制止措施甚至放任不管的，要依规依纪依法追究县、乡党委和政府主要负责人的责任，构成犯罪的移交司法机关追究刑事责任。

（五）企业主要负责人必须严格履行第一责任人责任。企业法定代表人、实际控制人、实际负责人，要严格履行安全生产第一责任人责任，对本单位安全生产负总责。对故意增加管理层级，层层推卸责任、设置追责“防火墙”的，发生重特大事故要直接追究集团公司主要负责人、分管负责人的责任。要严格落实重大危险源安全包保责任制、矿长带班下井等制度规定，对弄虚作假、搞“挂名矿长”逃避安全责任的，依法追究企业实际控制人的责任。对发生重特大事故负有主要责任的，在追究刑事责任的同时，明确终身不得担任本行业单位主要负责人。

（六）深入扎实开展全国安全生产大检查。国务院安委会立即组织开展全国安全生产大检查。各地区各有关部门要全面深入排查重大风险隐患，列出清单、明确要求、压实责任、限期整改。盯紧守牢可能造成群死群伤的重大风险隐患，由省、市级安委会或中央企业总部挂牌督办。统筹疫情防控和公共安全，对人员密集场所和高层建筑封闭安全出口、疏散通道的，立即责令整改。对排查整治不认真，未列入清单、经查实属于重大隐患的，要当作事故对待，引发事故的要从严从重追究责任。

（七）牢牢守住项目审批安全红线。各级发展改革部门要建立完善安全风险评估与论证机制，严把项目审批安全关。传统产业转移要符合国家产业发展规划和地方规划，严格执行国家各行业的规范标准，严格安全监管，坚决淘汰落后产能。化工产业转移集中承接地省级政府要列出重点项目清单，组织市县集中检查，不达安全标准的不能上马和开工，已经运行的坚决整改。对地方政府违规审批、强行上马的不达标项目，造成事故的要终身追责。

（八）严厉查处违法分包转包和挂靠资质行为。严肃查处建筑施工、矿山、化工等高危行业领域违法分包转包行为，严肃追究发包方、承包方相应法律责任。严格资质管理，坚持“谁的资质谁负责、挂谁的牌子谁负责”，对发生生产安全事故的严格追究资质方的责任。国有企业特别是中央企业要发挥表率作用，企业集团总部要建强安全生产专业技术管理团队，加强对下属企业安全生产的指导、监督、考核和奖惩，不具备条件的不得盲目承接相关业务，并加强对分包单位等关联单位安全生产的指导、监督，实行安全生产的统一管理；对违法分包转包的行为，通报其上级主管部门及纪检监察部门，并依规依纪依法追究相关人员责任。

（九）切实加强劳务派遣和灵活用工人员安全管理。生产经营单位要将接受其作业指令的劳务派遣人员、灵活用工人员纳入本单位从业人员安全生产的统一管理，履行安全生产保障责任。危险岗位要严格控制劳务派遣用工数量，未经安全知识培训合格的不能上岗。对劳务派遣用工和灵活用工人员数量较多的行业领域，有关行业主管部门要重点加强安全监管，对企业全员安全生产责任制落实不到位的责令限期整改。中央企业、地方国有企业要带头减少危险作业领域灵活用工人员，但不能以安全生产为名辞退农民工，要提高工人安全素质，提升企业本质安全水平。

（十）重拳出击开展“打非治违”。针对当前一些地方和行业领域违法违规生产经营建设问题突出，立即组织开展“打非治违”专项行动。对矿山违法盗采、油气管道乱挖乱钻、危化品非法生产运输经营、建筑无资质施工和层层转包、客车客船渔船非法营运等典型非法违法行为，依法精准采取停产整顿、关闭取缔、上限处罚、追究法律责任等执法措施。狠抓一批违法违规行为和事故的处理。深挖严打违法行为背后的“保护伞”。

（十一）坚决整治执法检查宽松软问题。安全生产执法检查要理直气壮，紧盯各类违法行为不放，督促企业彻底整改。强化精准执法，按照省市县三级执法管理权限，确定各级管辖企业名单，明确重点检查企业和重点执法事项，突出对典型事故暴露出的严重违法行为，举一反三加强执法检查。强化专业执法，组织专家参与执法过程，解决安全检查查不出问题的难题。创新监管执法方式，大力推行异地交叉检查，充分利用在线远程巡查、用水用电监测、电子封条等信息化手段，及时发现违法盗采、冒险作业等行为，对关停的矿山要停止供电，派人现场盯守或巡查，严防明停暗采。

（十二）着力加强安全监管执法队伍建设。针对安全生产执法队伍“人少质弱”的实际，各地要按照不同安全风险等级企业数量，配齐建强市县两级监管执法队伍，确保有足够力量承担安全生产监管执法任务，不得层层转移下放执法责任。加强执法队伍专业化建设，配强领导班子、充实专业干部、培养执法骨干力量，加强专业执法装备配备，健全经费保障机制，尽快提高执法专业能力和保障水平。

（十三）重奖激励安全生产隐患举报。鼓励社会公众通过政务热线、举报电话和网站、来信来访等多种方式，对安全生产重大风险、事故隐患和违法行为进行举报。用好安全生产“吹哨人”制度，鼓励企业内部员工举报安全生产违法行为。负有安全生产监督管理职责的部门要及时处理举报，依法保护举报人，不得私自泄露有关个人信息；根据风险程度落实举报奖励，对报告重大安全风险、重大事故隐患或者举报安全生产违法行为的有功人员实行重奖。

（十四）严肃查处瞒报谎报迟报漏报事故行为。严格落实事故直报制度，生产安全事故隐瞒不报、谎报或者拖延不报的，对直接责任人和负有管理和领导责任的人员依规依纪依法从严追究责任。对初步认定的瞒报事故，一律由上级安委会挂牌督办，必要时提级调查。

（十五）统筹做好经济发展、疫情防控和安全生产工作。注意调动各方面积极性，提倡互相协助、相互尊重、齐心合力，共同解决好面对的复杂问题。各级监管部门要注意从实际出发，处理好“红灯”“绿灯”“黄灯”之间的关系，使各项工作协调有序推进，引导形成良好市场预期。各级党委政府要把握好政策基调，坚持稳中求进，善于“弹钢琴”，高质量统筹做好各方面工作。

附录二　名词释义

一、灰犀牛事件

1. 来源

古根海姆学者奖获得者米歇尔·渥克撰写的《灰犀牛：如何应对大概率危机》一书让“灰犀牛”为世界所知。

2. 含义

灰犀牛事件是指太过于常见以至于人们习以为常的风险事件，比喻大概率、可预测、波及范围大或影响巨大的潜在危机（风险）。

“灰犀牛”是一种大概率危机，在社会各个领域不断上演。每个人都面临着至少一个“灰犀牛”式危机，有时甚至更多。人生中高频率的“灰犀牛”事件有：

高息理财——借了高利息贷款用来理财，结果亏了。

突遇意外——突遇意外，没买保险。

犹豫买房——在房价快速上涨期，犹犹豫豫没有买房，等房价涨上来后，花更高的成本买下房。

二、黑天鹅事件

1. 来源

在发现澳大利亚的黑天鹅之前，17 世纪之前的欧洲人认为天鹅都是白色的。但随着第一只黑天鹅的出现，这个不可动摇的观念崩溃了。

2. 含义

黑天鹅的存在寓意不可预测的重大稀有事件，

形容小概率、难预测的突发风险。

典型黑天鹅事件：2003 年非典型性肺炎（SARS），2008 年初我国南方雪灾，1997 年亚洲金融危机，等等。

2019 年 1 月 21 日，习近平总书记在坚持底线思维着力防范化解重大风险的专题讲话中提到，“既要高度警惕‘黑天鹅’事件，也要防范‘灰犀牛’事件。”无论是国家治理、企业安全管理，还是个人生活，都要重视并管控好“灰犀牛”和“黑天鹅”两类风险。

三、海恩法则

1. 来源

海恩法则是德国飞机涡轮机的发明者帕布斯·海恩提出的一个在航空界关于安全飞行的法则。

2. 含义

任何事故都是可以预防的。海恩法则是基于统计数据得出的。每一起严重事故的背后，必然有 29 次轻微事故和 300 起未遂先兆以及 1000 起事故隐患。即按照海恩法则分析，当一件重大事故发生后，我们在处理事故本身的同时，还要及时对同类问题的“事故征兆”和“事故苗头”进行排查处理，以此防止类似问题的重复发生，及时消除再次发生重大事故的隐患，把问题解决在萌芽状态。

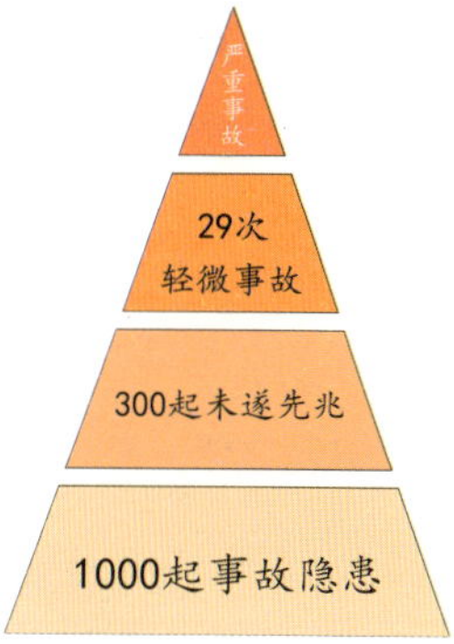

四、马斯洛需求层次理论

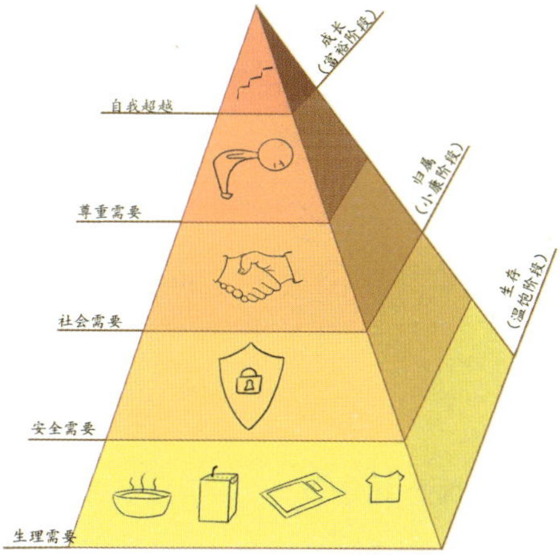

马斯洛需求层次理论是行为科学的理论之一，由美国心理学家亚伯拉罕·马斯洛于 1943 年在《人类激励理论》著作中所提出。书中将人类需求像阶梯一样从低到高按层次分为五种，分别是：生理需求、安全需求、社交需求、尊重需求和自我实现需求。

马斯洛需求层次理论有两个基本出发点：一是人人都有需要，某层需要获得满足后，另一层需要才出现；二是在多种需要未获满足前，首先满足迫切需要；该需要满足后，后面的需要才显示出其激励作用。

根据马斯洛需求层次理论，安全需求是人类的基本需求之一，因此，重视安全，关注安全，加强安全管理，对个人、企事业单位、国家均具有重要现实意义。

五、事故因果连锁论

1. 海因里希因果连锁论

海因里希因果连锁论又称海因里希模型或多米诺骨牌理论，该理论由海因里希首先提出，用以阐明导致伤亡事故的各种原因及与事故间的关系。该理论认为，尽管伤害可能在某瞬间突然发生，但伤亡事故的发生不是一个孤立的事件，却是一系列互为因果的事件相继发生的结果。

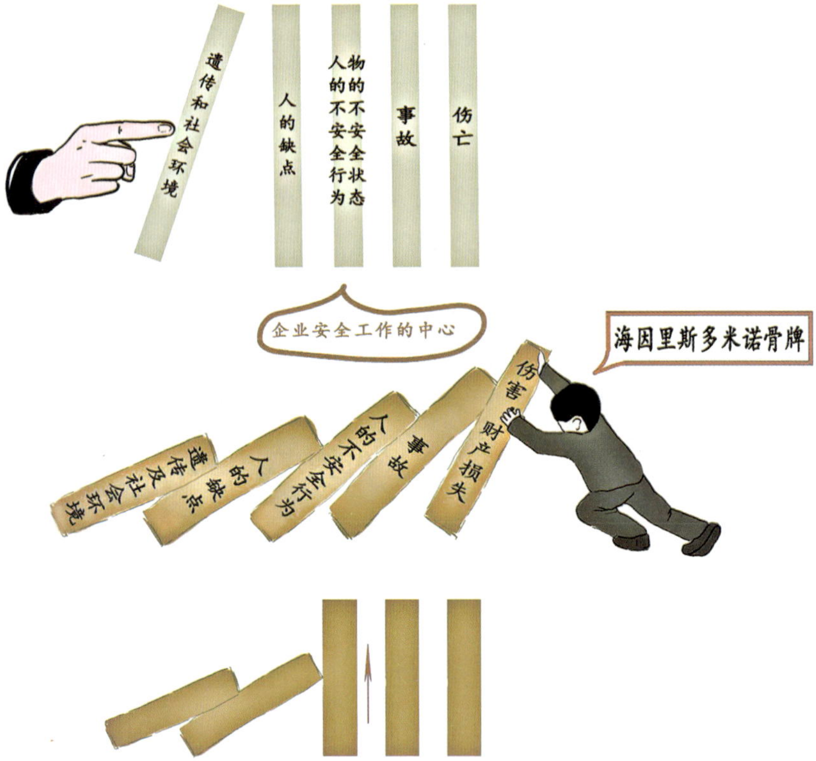

海因里希把工业伤害事故的发生、发展过程描述为具有一定因果关系的事件的连锁发生过程，即：

（1）人员伤亡的发生是事故的结果。

（2）事故的发生是由于人的不安全行为和物的不安全状态导致的。

（3）人的不安全行为或物的不安全状态是由于人的缺点造成的。

（4）人的缺点是由于不良环境诱发的，或者是由先天的遗传因素造成的。

在该理论中，海因里希借助于多米诺骨牌形象地描述了事故的因果连锁关系，即事故的发生是一连串事件按一定顺序互为因果依次发生的结果。如果一块骨牌倒下，则将发生连锁反应，使后面的骨牌依次倒下。

海因里希认为，企业安全工作的中心就是防止人的不安全行为，消除机械的或物质的不安全状态，中断事故连锁的进程而避免事故的发生。

2. 博德的因果连锁论

博德在海因里希因果连锁论的基础上，提出了更加科学合理的事故致因模型，揭示了隐藏在事故直接原因背后的根本原因，即管理不善或管理欠缺。

六、能量意外释放理论

能量意外释放理论从事故发生的物理本质出发，阐述了事故的连锁过程：由于管理失误引发的人的不安全行为和物的不安全状态及其相互作用，使不正常的或不希望的危险物质和能量释放，并转移于人体、设施，造成人员伤亡和（或）财产损失。因此，可以通过减少能量和加强屏蔽来预防事故。

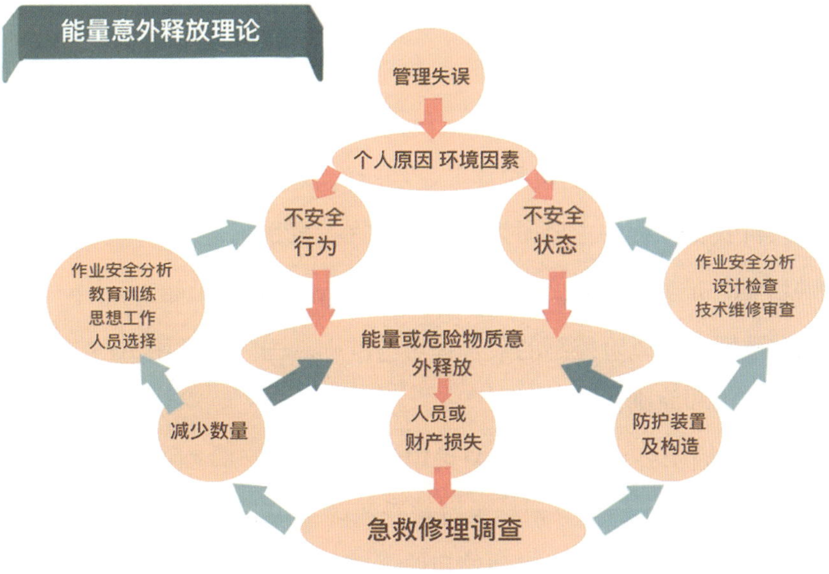

人类在生产、生活中不可缺少的各种能量，如因某种原因失去控制，就会发生能量违背人的意愿而意外释放或逸出，使进行中的活动中止而发生事故，导致人员伤害或财产损失。

能量意外释放理论在行业安全管理中的应用：

（1）化工安全工程。化工安全工程技术人员应了解化学能释放发生火灾、爆炸和毒害事故的机理；了解化学品物质的危险性；掌握一般化工火灾爆炸事故分析方法，并能提出相应的防范措施；掌握化工火灾爆炸事故、化学物质毒害事故预防和控制方法。

（2）建筑安全工程。建筑安全工程技术人员应掌握建筑施工中的常见事故类型及其预防措施，重点掌握高处坠落事故的事故成因和预防措施；熟悉影响建筑本体的主要危险因素及其事故预防的主要措施；熟悉建筑消防工程的主要内容。

（3）机械安全工程。机械安全工程技术人员应了解机械安全设计与机器安全装置的基本知识、机械设备使用安全的基本知识；掌握机械伤害的种类及预防机械伤害的措施，机械设备在设计、生产、使用、维修等各个环节的安全技术和安全措施；特别应具备起重、压力容器类机械事故的预防能力。

（4）电气安全工程。电气安全工程技术人员应了解电气安全技术的概况、电气事故的类型、绝缘防护的基本知识、防止触电的基本方法、静电的特性和危害、雷电的基本参数和雷电的种类与危害；掌握电气安全中的屏障防护和间距防护、电气设备和设施的保护接地与保护接零、安全供电技术、电气防火防爆措施、消除静电的基本途径、防雷分类及装置、基本的防雷技术。

（5）职业危害与人机安全工程。安全工程技术人员应掌握职业危害的来源、种类及防护措施；了解作业场所环境监测目的及工业场所的职业卫生要求，掌握工业毒物危害控制措施；了解人机安全工程的主要研究内容，掌握人机系统常见事故及其成因。

七、风险 ALARP 准则（As Low As Reasonably Practicable）

风险 ALARP 准则是指风险控制的最合理可行准则。国际上常用 ALARP 准则作为风险分级管理的基本理论和原则。

ALARP 准则是当前国外风险管控普遍采用的一种系统风险判据原则。包括两条风险分界线（允许上限和允许下限），分别称为可接受风险上限和下限，两条线将系统风险划分为三个区域，即不可容忍风险区、可忽略风险区和可接受风险区。

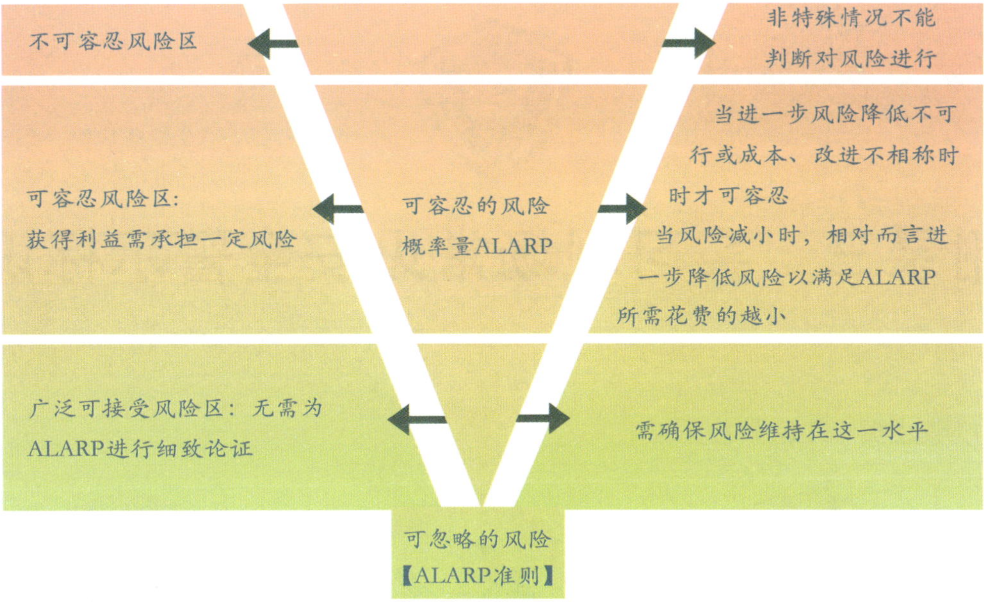

实际工作中常把 ALARP 准则称为“二拉平原则”，可对安全措施边际效益进行分析控制，其实践价值包括以下几个方面：

（1）对工业系统进行定量风险评估，如果评估出的风险指标落入不可容忍线上区域，则划分为不可容忍风险。此时，除极特殊情况之外，该风险无论如何不能被接受。

（2）若所评估出的风险指标落入可忽略线下区域，则划分为可忽略风险。此时，该风险由于是可以被接受的，无须再采取安全改进措施。

（3）除此之外，风险水平符合 ALARP 准则，此时需要进行安全措施投资成本—风险分析，如果分析成果能够证明进一步增加安全措施投资对工业系统的风险水平降低贡献不大，则风险是“可容忍的”，即可以允许该风险的存在，以节省安全成本。

附录三　实习现场常见安全警示标识

1. 禁止类（红色）

禁止伸入

禁止触摸

禁止倚靠

禁止滑冰

禁止饮用

禁止停留

化纤
禁止穿化纤服装

禁止戴手套

禁止抛物

2. 警告类（黄色）

当心机械伤人

当心触电

当心爆炸

当心中毒

注意安全

当心落水

当心火灾

当心腐蚀

当心激光

当心坠落

当心碰头

当心坑洞

当心落物

当心塌方

当心烫伤

当心电离辐射

当心伤手

当心弧光

3. 指令类（蓝色）

必须戴防护眼镜

必须戴防尘口罩

必须戴防护手套

必须穿救生衣

必须戴护耳器

必须戴安全帽

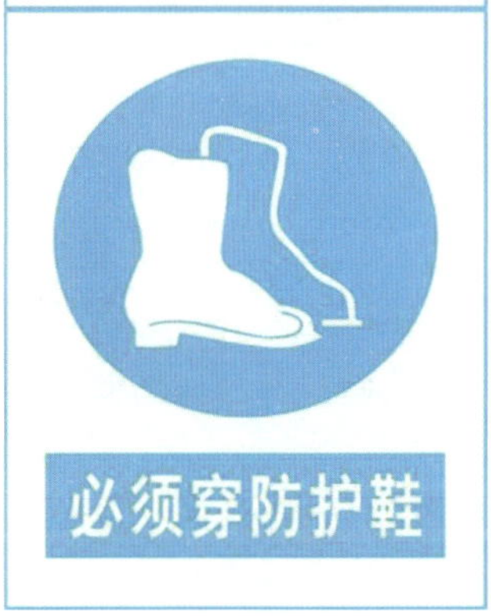
必须穿防护鞋

必须穿防护服

必须戴防毒面具

4. 提示类（绿色）

参考文献

[1] Jung E , Hwang W , Kim S , et al. Relationships Among Helicopter Parenting, Self-Efficacy, and Academic Outcome in American and South Korean College Students[J]. Journal of Family Issues, 2019, 40(18).

[2] Williams L C , Conley K , Pavletic H , et al. C4 Scholar Program: Promoting Success through Accountability for At-risk Students[J]. Innovative Higher Education, 2020, 45(2).

[3] 韩瑞平，王少君.大学生行为规范约束推进校园安全管理研究——评《校园行为安全管理探究》[J].中国安全科学学报，2022,32(4):205.

[4] Cuellar Matthew J,Fisher Benjamin W. Securing Schools? Examining the Longitudinal Relationships Between Student Behavior and Engagement With Security Measures in Urban School Systems.[J]. Journal of interpersonal violence,2022,37(9-10).

[5] 宫运华，王镇.大学生不安全行为形成机理研究[J].中国安全科学学报，2014(10) : 3-7.

[6] 梁振东，刘海滨. 个体特征因素对不安全行为影响的SEM研究[J].中国安全科学学报，2013(2) : 27-33.

[7] 田水承，景国勋.安全管理学[M].北京：机械工业出版社，2016.

[8] 倪文耀，兰泽全，刘国兴，等.安全工程专业实习实训教材[M].徐州：中国矿业大学出版社，2021.

[9] 陈立书，丁贤彬.疾病预防（大学生健康素质教育系列教材）[M].北京：中国医药科技出版社，2020.

[10] 田啸.心肺复苏与 AED 的使用[J].现代职业安全，2022(3):95.

[11] 方正.高校校园火灾原因分析及其对策[J].湖北理工学院学报，2019,35(1):13-17.

[12] 林德建.溺水的急救与预防[J].家庭医学，2019(8):30-31.

[13] 刘颖.儿童溺水高发季：你掌握正确的急救方法了吗[J].家庭医学（下半月）,2022(06):34.

[14] 红岩.能救命的心肺复苏，你会吗[J].工会博览，2022(21):56-58.

[15] 北京市红十字会.急救手册：初级[M].北京：北京教育出版社，2009.

[16] 中国红十字总会.心肺复苏与创伤救护[M].北京：人民卫生出版社，2013.

[17] 于梁.校园贷款的法律问题研究[J].法制博览，2017(25)：55.

[18] 李启昊，王亚林.校园贷款消费存在的问题及其法律规范路径研究[J].法制与社会，2017(15)：109-110.

[19] 吴超、王秉. 大学生安全文化：第 2 版[M].北京：机械工业出版社，2017.

[20] 王传虎，吕思斌. 实验室安全知识手册[M].合肥：安徽大学出版社，2018.

[21] 鲁登福，朱启军，龚跃法.化学实验室安全与操作规范[M].武汉：华中科技大学出版社，2021.

[22] 杜计平. 采矿学[M].徐州：中国矿业大学出版社，2014.

[23] 陈艳华，苏幼坡，朱丽. 自然灾害与生活[M].北京：中国建筑工业出版社，2012.

[24] 幸晶. 常见自然灾害避灾自救[M].北京：应急管理出版社，2020.